pen BOOKS

もっと知りたい戦国武将

もっと知りたい戦国武将。

ペン編集部【編】

CCCメディアハウス

目次

栄華をいまに伝える、権力者たちの夢の跡。

歴史のディテールを、探り出す喜び。

pen BOOKS

本書は「Pen」2009年9月1日号の
特集「もっと知りたい戦国武将。」を再編集したものです。

日本史上、最も躍動的だった150年。

1467年　応仁元年　応仁の乱(~1477)。日本全土に波及し、戦国時代へ。
1495年　明応4年　北条早雲(64歳)、大森氏から小田原城を奪う。
1543年　天文12年　ポルトガル人の漂着で鉄砲が種子島に伝来。
1549年　天文18年　フランシスコ・ザビエル、鹿児島に上陸。キリスト教を伝える。
1551年　天文20年　周防の大内義隆、家臣の陶晴賢(すえ・はるかた)の謀反によって自害。日明勘合貿易が断絶する。
1560年　永禄3年　織田信長(27歳)、今川義元(41歳)を尾張の桶狭間で破る。義元は敗死。
1561年　永禄4年　川中島の合戦。武田信玄(40歳)と上杉謙信(31歳)が激突。決着つかず。
1566年　永禄9年　毛利元就(69歳)、月山富田(がっさんとだ)城を攻略。尼子氏滅亡。
1567年　永禄10年　織田信長(34歳)、稲葉山城を攻略。斎藤氏滅亡。信長、この頃から「天下布武」の印判を使う。
1568年　永禄11年　信長(35歳)、足利義昭を奉じて上洛。
1569年　永禄12年　信長(36歳)、イエズス会の宣教師ルイス・フロイスに、キリスト教布教を許可。
1570年　元亀元年　姉川合戦。織田信長(37歳)・徳川家康(29歳)の軍が浅井長政・朝倉義景に勝利。石山合戦(~1580)。浄土真宗本願寺の顕如(けんにょ)、信長と全面対決。
1571年　元亀2年　信長(38歳)、比叡山を焼き討ち。
1572年　元亀3年　三方ヶ原(みかたがはら)合戦。武田信玄(51歳)、徳川家康(31歳)に勝利。
1573年　天正元年　織田信長(40歳)、足利義昭を追放。足利幕府を滅ぼす。
1575年　天正3年　長篠の戦い。信長(42歳)・家康(34歳)の軍が武田勝頼(30歳)に勝利。鉄砲が戦闘の主力に。
1579年　天正7年　織田信長(46歳)、近江に壮大な安土城を完成させる。

１５８２年	天正10年	武田勝頼（37歳）、天目山の戦いで自害。武田氏滅亡。 本能寺の変。明智光秀に奇襲され、織田信長（49歳）自害。 羽柴秀吉（46歳）、水攻めによって備中高松城を攻略。 山崎の戦い。明智光秀敗死。
１５８３年	天正11年	賤ヶ岳（しずがたけ）の戦い。羽柴秀吉（47歳）、柴田勝家に勝利。
１５８４年	天正12年	小牧・長久手（こまき・ながくて）の戦い。羽柴軍と徳川軍が激突。決着つかず。
１５８５年	天正13年	羽柴秀吉（49歳）、関白に就任。秀吉、四国を平定し、長宗我部元親降伏。 真田昌幸、上田城にこもって徳川勢を撃退。 人取橋（ひととりばし）の戦い。伊達政宗（18歳）、反伊達連合軍を撃退。
１５８７年	天正15年	豊臣秀吉、九州平定。島津義久降伏。
１５８８年	天正16年	秀吉（52歳）、刀狩令を出す。
１５９０年	天正18年	小田原攻め。北条氏滅亡。秀吉（54歳）が天下統一。
１５９２年	文禄元年	文禄の役（～１５９３）。豊臣軍、朝鮮半島へ出兵。
１５９５年	文禄４年	豊臣秀次（27歳）、秀吉より自害を命じられる。
１５９７年	慶長２年	慶長の役（～１５９８）。朝鮮・明軍と戦い苦戦、撤退。
１５９８年	慶長３年	豊臣秀吉病没（62歳）。
１６００年	慶長５年	関ヶ原の合戦。徳川家康（59歳）の東軍が石田三成率いる西軍に勝利。
１６０３年	慶長８年	徳川家康（62歳）、征夷大将軍に就任。
１６０９年	慶長14年	島津家久、琉球に出兵（琉球王国が薩摩藩の支配下に）。
１６１４年	慶長19年	大坂冬の陣。
１６１５年	元和元年	大坂夏の陣。豊臣氏滅亡。
１６１６年	元和２年	徳川家康病没（75歳）。

もっと知りたい 戦国武将

天下取りを目指し、覇権を競った名将たち。

戦国時代とはおおむね、応仁の乱が始まった応仁元（1467）年から、織田信長が室町幕府の最後の将軍・足利義昭を京都から追放し、室町幕府が事実上、消滅した天正元（1573）年までのおよそ100年余りの時代である。もちろん、これ以降も戦乱の世が打ち続き、平和な世は徳川家康が江戸幕府を成立するまで、さらに30年ほどの期間を要する。

対外的には、中国・明《みん》との貿易が栄え、大航海時代を迎えたヨーロッパの宣教師がキリスト教を布教するなど、急速に世界との交流が進んだ時代だった。ポルトガルからもたらされた鉄砲が戦争の手法を変えたことは、この時代における大きな出来事のひとつといえるだろう。島根県の石見《いわみ》銀山が世界的な銀の産出量を誇り、それら大量の銀がヨーロッパに流出したのも、まさに戦国時代だった。

下克上によって勢力を増していった戦国大名たちは、自らが支配する領国を「国」と称し、その制度を整えた。彼らは公権力を行使するため、自らの能力を磨き、民衆からの信頼を得、さらに家臣からの求心性を高めることに努めた。その例として、駿河国の今川氏が制定した「今川仮名目録」のような法の整備や、「検地」という土地の測量を通した年貢量の把握などが挙げられよう。一方で、彼らは学問や文芸に

打ち込み、支配者としての権威を高めることにも努力した。

しかし、戦国大名の出自はさまざまである。室町幕府の守護から成長した薩摩国の島津氏、また安芸国の一国人に過ぎなかった毛利氏、そして尾張国の足軽を父とする豊臣氏などが、それぞれの出自の代表だろう。織田信長も越前国守護・斯波《しば》氏の守護代であった織田氏の家老の家柄であり、江戸幕府を開いた徳川家康も、もとは松平氏という三河国の一国人に過ぎなかった。蓋を開けてみれば、天下を取った三武将はすべて、決して身分制度の上に君臨したわけではなかったのだ。運と実力のみで勝ち上がったのである。

既成の秩序が破壊された戦国時代は、自身の才覚のみが人生を決めた世である。それはなにを隠そう、多くの人々にジャパニーズ・ドリームを与えた変革の時代だった。

東北・関東甲信越

01 伊達政宗
1567～1636年
Masamune Date

所蔵：仙台市博物館

父・輝宗の子として誕生。幼名は、梵天丸。幼い頃に、天然痘で右目を失明したことから「独眼竜」と称せられた。18歳で家督を継承すると、並み居る東北の諸大名や豊臣氏、徳川氏を相手に優れた交渉力を発揮した。天正17（1589）年、摺上原（すりあげはら）の合戦で勝利を収め、南東北のほぼ全域を手中に。その後、豊臣秀吉が政宗の討伐を狙うと、小田原の秀吉のもとへ白装束で遅参して弁明を請うた。数々の修羅場を潜り抜け、伊達家存亡の危機を救った政宗には、たぐいまれなる危機管理能力が認められる。しかし、政宗が生まれたのは織田信長が「天下布武」を宣言した永禄10（1567）年。乱世の時代に遅れて登場した彼は、天下を統一するほどの戦国大名とはならなかった。慶長5（1600）年、関ヶ原の合戦では徳川方に味方し、仙台藩の藩祖となった。領知高は61万5000石（のち62万石）であった。詩歌、能、茶道などの教養も身につけており、のちには家臣の支倉常長をメキシコ、スペイン、ローマ教皇のもとに派遣した。一方で、男色にかかわる史料が残っていることでも知られる。

02 北条氏政
1538～1590年
Ujimasa Hojo

写真提供：神奈川県立歴史博物館
所蔵：早雲寺

相模国の武将。周辺地域の武田氏、上杉氏らの戦国大名と絶えず交戦し、早雲に始まる北条5代のうちで最大の版図を実現。関東の雄として知られた。豊臣秀吉の上洛要請を断り、結果的に天正18（1590）年の小田原合戦で降伏。切腹を命じられた。

04 上杉謙信
1530～1578年
Kenshin Uesugi

©近現代PL／アフロ

長尾為景の子。初名は景虎。のちに関東管領の上杉憲政から家督を譲られ、政虎と改名。さらに輝虎と改名し、出家して謙信と名乗った。春日山城に本拠を構える。私心による合戦は行わず、常に大義名分のある正義の戦いのみを行った。有名な武田信玄との川中島の合戦も、信玄に敗れた村上氏を援助するという名目のもとである。川中島の合戦は天文22（1553）年以降、5度、戦われたといわれている。やがて越中・能登をも配下に治めるが、天正6（1578）年に志半ばで亡くなった。合戦での勇猛果敢さと軍事的才能は評価されたが、政治的な駆け引きには疎かった。また、権威や伝統を重視し、熱烈に毘沙門天を信仰した点は、実直かつ潔癖な性格をうかがわせる。生涯、独身を通した。

03 真田昌幸
1547～1611年
Masayuki Sanada

所蔵：上田市立博物館

信濃国の武将。武田氏のもとで、勢力を拡大する。比類なき戦略家であった。関ヶ原の合戦では、豊臣方として徳川秀忠の進路を阻んだ。殺されるはずだったが、徳川方についていた長男・信之の嘆願もあり、高野山九度山（くどやま）へ蟄居。同地で没した。

05 武田信玄
1521～1573年
Shingen Takeda

所蔵：高野山霊宝館

父・信虎の子として誕生。実名は晴信。のちに出家して、信玄と号した。天文10（1541）年に父を放逐すると、家臣団の支持を得て当主に。その後、信濃国へ侵攻し、上杉謙信との川中島の合戦を引き起こすことになる。外交にも巧みであり、北条氏、今川氏と婚姻関係を通して同盟を結んだ。一方で、長男・義信を粛清するような非情な一面もある。元亀3（1572）年、上洛を画策し、三河三方ヶ原で織田信長・徳川家康連合軍を撃破。しかし翌年、病が悪化し、甲府へ戻る途中の信濃で没した。内政面では「甲州法度之次第」を制定し、検地や棟別調査も実施。城下町の形成、交通路の整備、治水などにも熱心であった。また、伊達政宗と同じく男色関係の史料があり、意外な一面を示している。

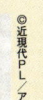

中部・東海

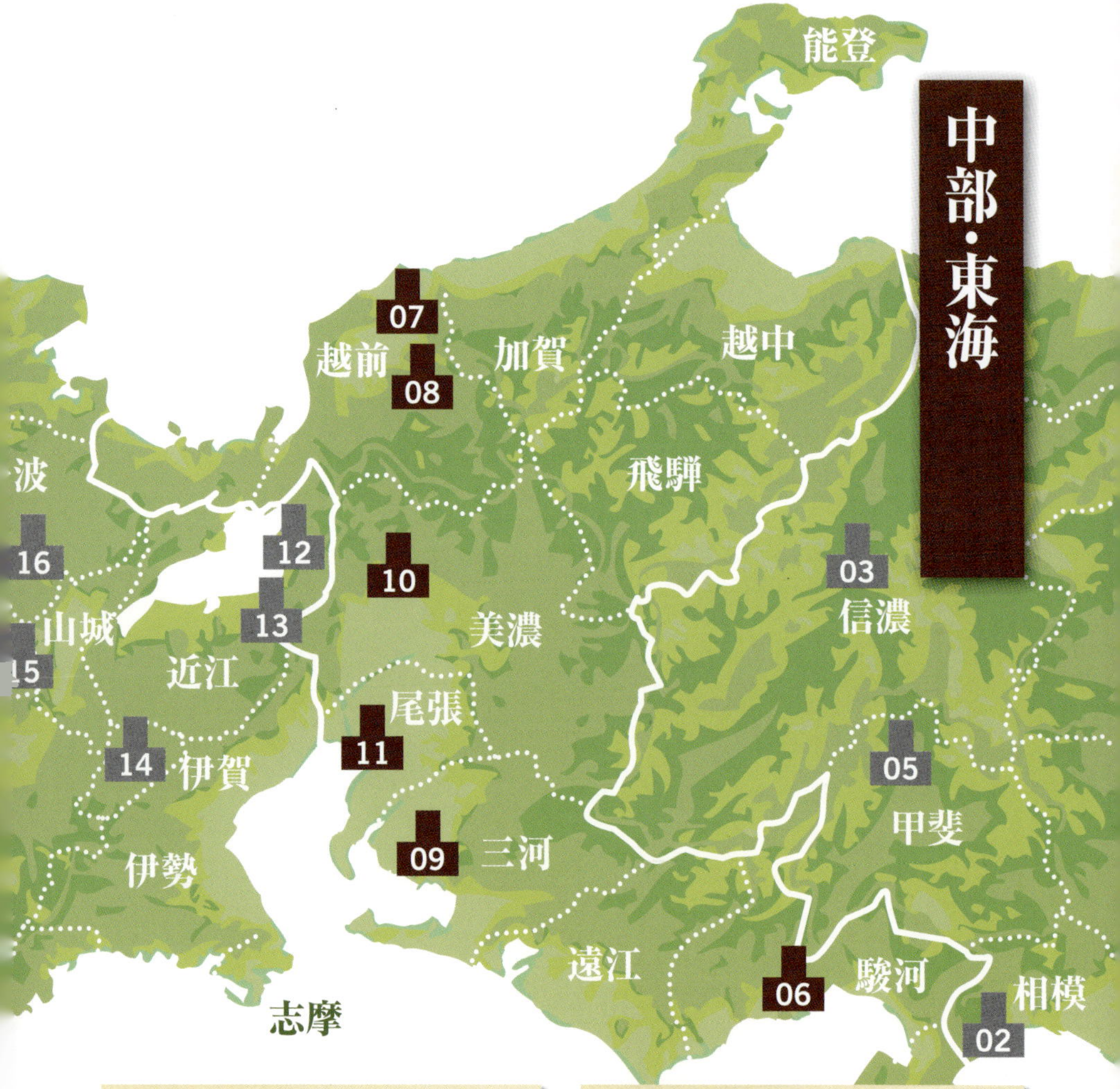

07 柴田勝家

1522〜1583年

Katsuie Shibata

写真提供：福井市立郷土歴史博物館
所蔵：柴田勝次郎氏

織田信長配下の武将。越前国を与えられ、北庄に本拠を置く。刀狩りや検地などの政策を実行するが、天正10（1582）年の本能寺の変後は、羽柴秀吉と対立。猛将として知られたが、天正11（1583）年に秀吉の攻撃を受け、北庄城で自刃する。妻はお市の方。

06 今川義元

1519〜1560年

Yoshimoto Imagawa

所蔵：高徳院

駿河国の武将。幼少の頃は出家していたが、のちに家督を継承した。武田氏、北条氏と同盟を結び、永禄3（1560）年に西三河支配をもくろみ進軍。しかし、大軍を率いた桶狭間の戦いで、劣勢の織田信長の奇襲攻撃に遭い、討ち死にした。

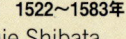

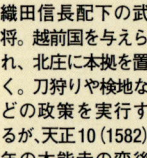

10 斎藤道三

1494～1556年

Dosan Saito

所蔵：常在寺

美濃国の武将。守護代・斎藤氏の名跡を継ぎ、やがて主君の土岐（とき）氏を追放する。対立関係にあった織田氏と和睦するため、織田信長に娘の濃姫を婚姻させ、同盟を結んだ。しかし、弘治2（1556）年に子の義龍に裏切られ、長良川河畔で命を落とした。

08 朝倉義景

1533～1573年

Yoshikage Asakura

写真提供：福井市立郷土歴史博物館 所蔵：心月寺

越前国の武将。織田信長が諸将に上洛を命じた際、これを拒否。のちに北近江の浅井氏と同盟を結び、信長に対抗する。しかし、戦が不得手だったとされ、天正元（1573）年、味方の離反や裏切りもあり、あえなく越前国で敗死した。

11 織田信長

1534～1582年

Nobunaga Oda

所蔵：大徳寺

尾張国の武将。父・信秀の子として誕生。父の位牌に抹香を投げつけるなど、奇矯なエピソードでも有名である。また、気性が激しかったため、粛清された者も多い。永禄2（1559）年に尾張国を統一すると、翌年には桶狭間の戦いで今川義元を撃破した。その後、徳川家康と同盟を結び、永禄11（1568）年に将軍・足利義昭を擁立して入京した。しかし、その5年後には義昭を追放し、ここで室町幕府は事実上、消滅した。以降、朝倉・浅井連合軍を討滅し、伊勢長島一向一揆も鎮圧。天正3（1575年）の長篠の戦いでは武田氏に勝利する。その一方で、近江に安土城を築き、楽市・楽座令を発布するなど経済政策にも力を入れた。しかし、天正10（1582）年、家臣・明智光秀の謀叛に遭い、本能寺の変で自刃した。

09 徳川家康

1542～1616年

Ieyasu Tokugawa

©corbis/amanaimages

三河国の武将。江戸幕府初代将軍。松平広忠の長男。今川氏の人質となり、幼少期を駿河国で過ごす。家康の忍耐強い性格は、幼少期の経験ゆえという。永禄5（1562）年頃に織田信長と同盟を結び、その4年後に徳川に改姓した。信長が本能寺の変で没すると、豊臣秀吉と対立。しかし、のちに和睦し、天正18（1590）年に北条氏が没すると、秀吉の命により江戸にその基盤を求めた。関ヶ原の合戦では、豊臣方を相手に勝利を得、慶長8（1603）年に征夷大将軍となった。初代将軍として数々の政策を実行し、幕府の基礎固めを行った。2年後に将軍職を子の秀忠に譲り、元和元（1615）年に大坂の陣で豊臣氏を滅亡させた。狡猾なイメージの強い人物であるが、現実主義者というのが的確な評価。

近畿 ①

隠岐
因幡
美作
但馬
播磨
19
丹波
16
摂津
18
淡路
山城
15
和泉
河内
17
近江
12
13
14
伊賀
大和
伊勢
紀伊
志摩
越前
07
08
加賀
飛騨
10
美濃
尾張
11
三河
09
遠江

14 藤堂高虎

1556～1630年

Takatora Todo

写真提供：伊賀文化産業協会
所蔵：西蓮寺

豊臣秀吉配下の武将。津藩初代藩主。近江国で生まれた高虎は、浅井氏に始まり、阿閉氏、磯野氏、織田氏……と生涯で7人の主君に仕えた。「世渡り上手」と評される。武功を立て、豊臣秀吉の弟・秀長に優遇されたが、秀長とその跡継ぎが相次いで死去すると、高虎は高野山で出家してしまう。その後、秀吉に説得され、家臣に。しかし、秀吉の死後、徳川家康に接近し、石田三成の動静を密告。関ヶ原の合戦では、東軍勝利の立役者となる。築城の名手であった高虎は、慶長19（1614）年からの大坂の陣に備えるべく、家康のために、大坂城に近い要衝であった伊賀上野城を大幅に改修した。そして、大坂の陣においても軍功を挙げ、外様大名ながら、家康から厚い信頼を得た。

12 浅井長政

1545～1573年

Nagamasa Azai

所蔵：長浜城歴史博物館

北近江の武将。幼名は、猿夜叉。長政が生まれた時、浅井氏は対立関係にあった六角氏に従属していたが、永禄3（1560）年、六角義賢と戦って勝利を収め、浅井氏は実質的な独立を果たす。この時、まだ16歳の長政は堂々たる戦いぶりを見せた。その後、長政は織田信長の妹・お市の方を娶り、同盟関係を結ぶ。のちにそれを破棄すると、朝倉氏と同盟。天正元（1573）年に朝倉氏が信長に滅ぼされると、長政も同じ年に居城の小谷城で自害した。織田氏と朝倉氏との間で板挟みになり、29歳で歴史の舞台から去ったが、お市の方との間に3人の娘をもうけている。その1人はのちに豊臣秀吉の側室となって秀頼を産み、もう1人は徳川将軍家に入って3代将軍・家光を産んだ。

15 豊臣秀吉

1537～1598年

Hideyoshi Toyotomi

所蔵：宇和島伊達文化保存会

足軽、木下弥右衛門の子。名もなき庶民から、織田信長の配下となり、頭角を現すことになる。天正年間の中国攻めでは中心的な存在となり、播磨国三木城、因幡国鳥取城、備中国高松城攻撃で大きな成果を挙げた。本能寺の変で信長が没すると、その後継者として台頭。太閤検地、刀狩りなどの諸政策を実施した。並行して、四国の長宗我部氏や九州の島津氏の討伐にも力を入れ、のちには朝鮮侵略を行った。一方で、茶の湯にも親しみ、千利休を取り立てるが、やがて切腹を命じた。養子の秀次にも切腹を命じるなど、残虐な性格をもっていた。晩年は、泥沼化した朝鮮出兵にこだわり、失政を重ねた。慶長3（1598）年、幼い秀頼の身を案じつつ、京都伏見城で生涯を閉じた。

13 石田三成

1560～1600年

Mitsunari Ishida

所蔵：大阪城天守閣

豊臣秀吉配下の武将。近江国に生まれ、羽柴秀吉の小姓に取り立てられた。武士の家系ではなかったが、才能を認められて側近に。秀吉の天下統一後は、政務を担う官僚として活躍する。刀狩りや朝鮮出兵、太閤検地などのプロジェクトで、中心的な役割を果たしたとされる。いわゆる五奉行の1人（豊臣政権末期に実務を担った家臣たちで、ほかに、浅野長政、増田長盛、長束正家、前田玄以）で、智謀に長けていた。しかし、加藤清正や福島正則らから反感を買い、豊臣政権の内部分裂が発生した。秀吉の死後、徳川家康と対立し、関ヶ原の合戦に挑んだものの、味方の裏切りなどもあって敗北した。その後、佐和山城に籠城、逃走したが捕らえられ、処刑された。

18 荒木村重
1535～1586年
Murashige Araki

所蔵：伊丹市立博物館

摂津国の武将。もとは織田信長の信任厚い武将として、伊丹の有岡城を拠点に摂津国の統治を任されていたが、天正6（1578）年、謀反を起こした。一説によると、信長の浄土真宗本願寺攻めの最中、村重が裏で本願寺に兵糧を送っているとの噂が流れた。その時、信長に対して弁明しても無駄だと考えた村重は、寝返って本願寺の後ろ盾だった毛利氏を頼ったという。信長は翻意を促したが、村重の決意は固く、有岡城に籠城。信長の討伐軍に対し、1年近く耐え抜いたが、ついに落城した。降伏するも、一族は磔刑・火刑に処せられる。村重自身は脱出し、晩年は千利休に茶を学び、堺で茶人として生きた。そして、豊臣秀吉の宗匠（そうしょう）として起用された。

16 明智光秀
1528～1582年
Mitsuhide Akechi

所蔵：本徳寺

織田信長配下の武将。もとは朝倉氏の庇護を受けていた足利義昭の臣下であったが、信長に仕えるようになり、有能な家臣として優遇される。知将として知られ、浅井・朝倉攻めや比叡山焼き討ち、荒木村重の討伐などで功を挙げ、丹波国を与えられて亀山城に居を構えた。しかし、やがて信長に疎んじられるようになった。天正10（1582）年6月2日未明、突如、少数の家臣と京都の本能寺に滞在していた信長を討つ。真意ははっきりとわかっていないものの、信長に対する恨みや不信感が謀反の原因だったのではないかとされている。その後、出兵していた中国方面から強行軍で帰還した羽柴秀吉に、山崎の戦いで敗北。逃走中に、土民の襲撃に遭って命を落とした。

19 黒田如水（官兵衛）
1546～1604年
Josui Kuroda

所蔵：福岡市博物館

播磨国の武将。小寺氏の配下にあったが、のちに織田信長、豊臣秀吉に仕えた。荒木村重が謀反を起こした際は、村重のもとに赴き説得を試みるが、逆に捕らえられ、有岡城落城まで幽閉されてしまう。天正10（1582）年、長期戦となった備中高松城攻撃で、奇策・水攻めを秀吉に進言。そこで本能寺の変の一報を聞くと、信長の死を隠したまま敵方の毛利氏と講和することを進言した。その後も、名軍師として、秀吉の天下取りに大きく貢献する。いったん隠居するが、その理由は、天下取りの野望があるのではないかと秀吉に警戒されたことだったとされている。子の長政に家督を譲るが、関ヶ原の合戦になると、徳川方が有利とみて長政とともに東軍についた。

17 三好長慶
1522～1564年
Nagayoshi Miyoshi

写真提供：便利堂
所蔵：聚光院

畿内に勢力を置いた武将。幼名は、千熊丸。管領（将軍を補佐する要職）の細川晴元や将軍家との激しい闘争を経て、事実上の独裁政権を畿内に確立する。下克上の代表的な例のひとつとされ、将軍家をしのぐ威勢を誇った細川氏の実権を、家臣でありながら掌握していたが、さらに、その家臣であった松永久秀が頭角を現すと勢力が衰えた。久秀は将軍・足利義輝を永禄8（1565）年に暗殺、その後は三好氏の一族・重臣であった三好三人衆と抗争を繰り広げた。長慶は、幕府を滅ぼさずにその権威を利用し、有能な弟たちを指揮して、一時は畿内から四国までを支配したが、晩年は久秀の台頭に遭い、失意のうちに病死した。文学に傾倒し、文化人でもあったという。

近畿②

隠岐
伯耆
因幡
美作
但馬
備前
播磨
19
丹波
16
淡路
摂津
18
山城
15
和泉
河内
17
14
伊賀
近江
12
13
越前
07
08
加賀
10
美濃
飛
尾張
11
09
三河
大和
伊勢
紀伊
志摩
遠江

中国

22 毛利元就

1497～1571年

Motonari Mouri

©orion/amanaimages

安芸国の武将。父・弘元の次男として誕生。幼名は、松寿丸。5歳で母を、10歳で父を失った。長男の早世により、家督を継承する。もともと吉田盆地の小さな国人に過ぎなかったが、近隣の中小国人を配下に収め、やがて安芸国一国を統一した。家督を継いだ時、周防国の大内氏と出雲国の尼子氏という二大勢力の狭間にあった毛利氏は、尼子氏に服属していた。しかし､元就は尼子氏から離反。大内氏に従って、尼子氏と激戦を繰り広げ、やがて備後国をも支配するようになる。のちには、吉川氏、小早川氏に子息を送り込み、支配領域を拡大していった。大内義隆が陶晴賢（すえ・はるかた）に滅ぼされると、安芸の厳島に陶氏の大軍をおびき寄せて奇襲攻撃により壊滅させ、中国5カ国を支配するようになった。永禄9（1566）年の尼子氏の滅亡後は、事実上、中国地域の盟主となる。長男の毛利隆元、次男の吉川元春、三男の小早川隆景に向けて、兄弟が結束することの重要さを説いた書状はあまりに有名。晩年は北九州の支配をももくろんだが、果たすことなく75歳で亡くなった。外交手腕に優れた元就は、苦しい幼年期の体験から、忍耐強い性格であった。

20 宇喜多秀家

1572～1655年

Hideie Ukita

所蔵：岡山城

備前国の戦国大名。羽柴秀吉の寵愛を一身に受け、その養女を妻とした。数々の合戦で軍功を挙げ、のちに豊臣政権の五大老に列せられるほどの地位を得る。しかし、関ヶ原の合戦で敗退すると八丈島に配流。50年にわたる流人生活を送り、同地で没した。

21 尼子晴久

1514～1561年

Haruhisa Amago

所蔵：山口県立山口博物館

出雲国の武将。家督継承後、美作、備前、播磨などに侵攻し、領土拡大を進展させ、8カ国の守護となる。しかし、晩年は衰勢となり、石見国で毛利氏と交戦中に月山富田城で急死。子の義久が跡を継ぐものの、まもなく毛利氏に月山富田城を落とされ、尼子氏は滅んだ。

25 福島正則

1561～1624年

Masanori Fukushima

所蔵：美和町歴史民俗資料館

豊臣秀吉配下の武将。秀吉の縁戚で、勇猛果敢な人物として知られ、「賤ヶ岳（しずがたけ）の七本槍」の1人でもある。秀吉の死後、石田光成らと対立。関ヶ原の合戦では徳川家康に味方し、勝利に貢献したが、のちに無断で広島城を修繕し、取り潰された。

23 小早川隆景

1533～1597年

Takakage Kobayakawa

所蔵：米山寺

毛利元就の三男。小早川氏の養子となり、「毛利両川（もうりりょうせん）体制」の一翼を担った。毛利氏の山陽方面の軍事を担当し、水軍を率いて活躍、元就や輝元（元就の長男・隆元の子）を助けた。のちに、豊臣秀吉に協力し、五大老の1人になっている。

26 大内義隆

1507～1551年

Yoshitaka Ouchi

所蔵：大寧寺

周防国の武将。中国地域に勢力を拡大したが、天文20（1551）年に家臣の陶晴賢に討たれた。文芸に造詣が深く、城下に文化人らを招いた。山口は、小京都の名にふさわしい文化都市だったという。また、明との貿易にも力を入れ、遣明船を独占している。

24 吉川元春

1530～1586年

Motoharu Kikkawa

所蔵：吉川史料館

毛利元就の次男。のちに吉川氏の養子となり、安芸日野山城主となる。「毛利両川体制」の一翼を担い、毛利氏の山陰方面の軍事を担当した。元就や輝元を助けたが、鳥取城の落城により、豊臣秀吉と講和した。秀吉に従った九州従軍中に病死。

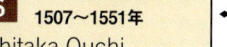

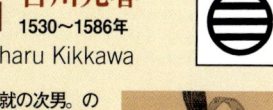

28 山内一豊

1546〜1605年

Kazutoyo Yamauchi

所蔵：土佐山内家宝物資料館

織田信長配下の武将。尾張国に生まれ、信長、豊臣秀吉、徳川家康に仕える。関ヶ原の合戦の勝利に貢献し、土佐国一国を与えられた。夫に名馬購入の資金を渡し、それが出世の糸口になったという、妻の見性院（千代）による内助の功のエピソードは有名である。

27 長宗我部元親

1539〜1599年

Motochika Chosokabe

写真提供：高知県立歴史民俗資料館 所蔵：秦神社

土佐国の武将。父・国親の長男として、岡豊（おこう）城に生まれる。土佐の国人であったが、四国の武将らを次々と撃破し、四国統一を成し遂げる。しかし、豊臣秀吉の四国征伐の大軍の前に敗北。晩年は秀吉のもとで、小田原城攻撃などに加わった。

29 大友宗麟

1530〜1587年

Sorin Otomo

所蔵：瑞峯院

豊後国の武将。九州北部に勢力を広げ、やがてキリスト教に関心をもった。自ら洗礼を受けてキリスト教保護に努め、キリシタン大名として知られる（ただし、「宗麟」はそれ以前に仏門に入った時の法名）。晩年は薩摩国の島津氏に敗れるなど、衰退の一路をたどった。

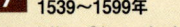

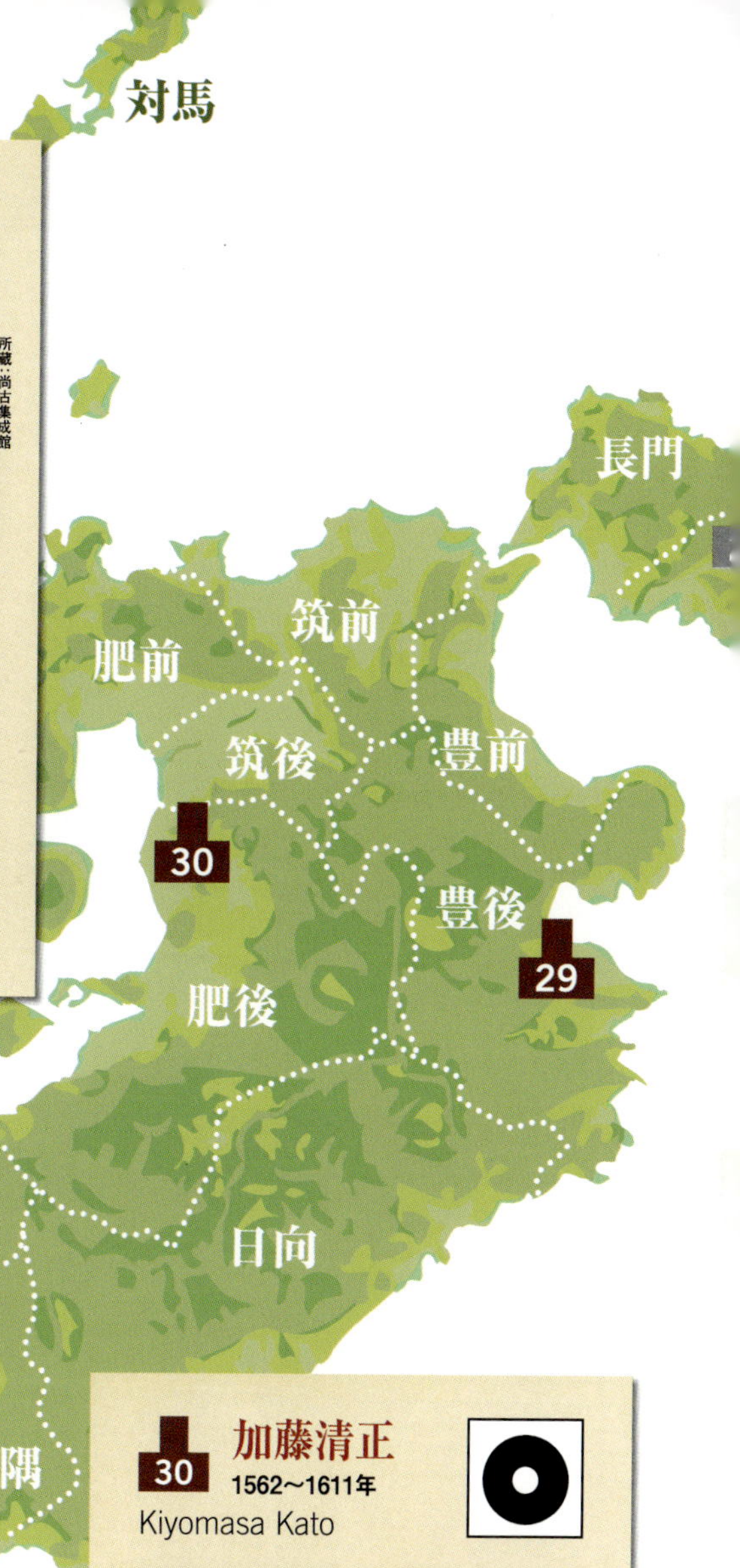

31 島津義弘
1535〜1619年
Yoshihiro Shimazu

所蔵：尚古集成館

薩摩国の武将。島津貴久の次男で、猛将として知られた。生涯に52回の合戦に出陣したという。義久、歳久、家久とともに、島津家4兄弟の結束により、南九州に勢力圏を拡大した。さらに、天正6（1578）年には耳川の戦いで豊後国の大友氏に、天正12（1584）年には沖田畷（おきたなわて）の戦いで肥前国の龍造寺氏に勝ち、九州制覇が目前に。しかし、豊臣秀吉の率いる大軍が九州に上陸すると、激しく抵抗するも、結局は降伏を余儀なくされた。のちに、秀吉の朝鮮出兵に協力し、その戦いぶりから朝鮮でも恐れられたという。関ヶ原の合戦では豊臣方に味方するが、敗戦。徳川家康軍に向かって敵中突破した話は、後世の語り種である。

30 加藤清正
1562〜1611年
Kiyomasa Kato

所蔵：熊本市立熊本博物館

豊臣秀吉配下の武将。天正11（1583）年の賤ヶ岳の戦いで大功を立てた「賤ヶ岳の七本槍」の1人である。秀吉の先鋒として、文禄元（1592）年からの朝鮮侵略に貢献した。関ヶ原の合戦では、石田三成らと対立。徳川家康に味方し、のちに肥後国の大名となった。

名言から読み取る、戦国武将の真実《リアル》。壱

われは兵をもって戦いを決せん。塩をもって敵を窮せしむることはせじ。

上杉謙信『武将感状記』

駿河の今川氏が相模の北条氏と組んで、塩の取れない山国、武田信玄の甲斐・信濃への塩の輸送路を断った。この時、上杉謙信は日本海側の自国領から、塩を信玄の領国に送るように命じた。「敵に塩を送る」ということわざは、この謙信の故事から来ている。「越後の虎」と恐れられた謙信だったが、武神である毘沙門天に帰依し、仏教を厚く信仰していた。そのため謙信の戦いには慈悲があり、相手の弱みには付け込まなかった。

武者は犬とも言え、畜生とも言え、勝つ事が本《もと》である。

朝倉宗滴『朝倉宗滴話記』

「武者を犬と呼ぶなら呼べ。畜生とさげすむならさげすめ。なんといわれようが、武者は勝つ事がすべてなのだ」。朝倉宗滴は名を教景（のりかげ）といい、越前の朝倉氏初代の敏景の六男に生まれ、本家3代に仕えた。18歳から79歳まで12回の合戦に臨み、出陣は若狭、美濃、近江、京都までおよんだ。うち3回は自分の刀で敵首を取った。こうした人物だけに「大将は常に前方で指料をとれ」など数々の戦いの心得を残している。

人間五十年、下天《げてん》の内をくらぶれば、夢幻《ゆめまぼろし》の如くなり。一度生を得て、滅せぬ者のあるべきか。

織田信長『信長公記』

「人間の寿命はわずか50年。仏教の化楽天（けらくてん）では８０００年生きられるというが、それに比べて人間の一生はまばたきほどの一瞬の夢に過ぎない。人はただ生きて死んでゆくのだ」。織田信長の言葉と思われがちだが、源平合戦に世の無常を感じて出家した武将・熊谷直実を描いた、幸若舞『敦盛』の一節だ。信長は27歳で今川義元を桶狭間で討つ前に、清洲城で『敦盛』を謡い舞った。信長自身は49歳で生涯を閉じた。

われは弓である。乱世には役に立つ。いまは平和の世なれば、川中島の土蔵に入れられるのだ。

福島正則『名将言行録』

元和３（１６１７）年、江戸幕府に石垣の無許可改修を咎められて居城の広島城を没収された際、「あれほど武功を重ねたのに」と嘆く家臣に答えた言葉。福島正則は武勇に優れ、秀吉が信長の継承者となった賤ヶ岳の戦いで名を上げた「七本槍」の1人。関ヶ原では家康の先鋒を務めて勝利の原動力となり、尾張清洲24万石から安芸49万石に出世した。しかし天下が統一されると結局、信濃の川中島4万５０００石に改易された。

戦国の武人の、
知られざる才能に迫る。

もっと知りたい
戦国武将

奥州の猛将が見せた、雅な香人としての顔。

伊達政宗

Masamune Date

一五六七～一六三六年

豊臣秀吉や徳川家康ともしたたかに渡り合った戦国時代屈指の猛将、伊達政宗。18歳で家督を継いだ後に次々と戦を制して奥州の覇者となり、隻眼（片目）ゆえの箔〝独眼竜〟の異名は諸国に鳴り響いた。

　こう書くといかにも猛々しいイメージだが、文化人として抜きん出た存在だったのも、政宗の大いなる魅力。能や和歌に秀で、派手な装いを大胆に着こなし、もてなしのメニューを自ら考えるほどの食通だったなど、マルチ教養人ぶりを伝える話には事欠かない。

　さらに、香道に優れていたというのも意外な一面だ。香木をたいて香りを堪能し、異なる香りの組み合わせを当てて楽しむ香道は、当時はもっぱら公家が興じる高尚な遊び。茶道より遥かにハイエンドな文化だった。こうした〝香人〟としての雅な政宗の姿は、案外知られていないのではないか。

　戦国時代にお茶を嗜《たしな》む大名は数多くいたが、香にまで通じていた武人はまれだった。しかも政宗の本拠地は、文化の発信地である京の都から遠く離れた仙台。政宗がいかに並外れた存

©宇和島伊達文化保存会

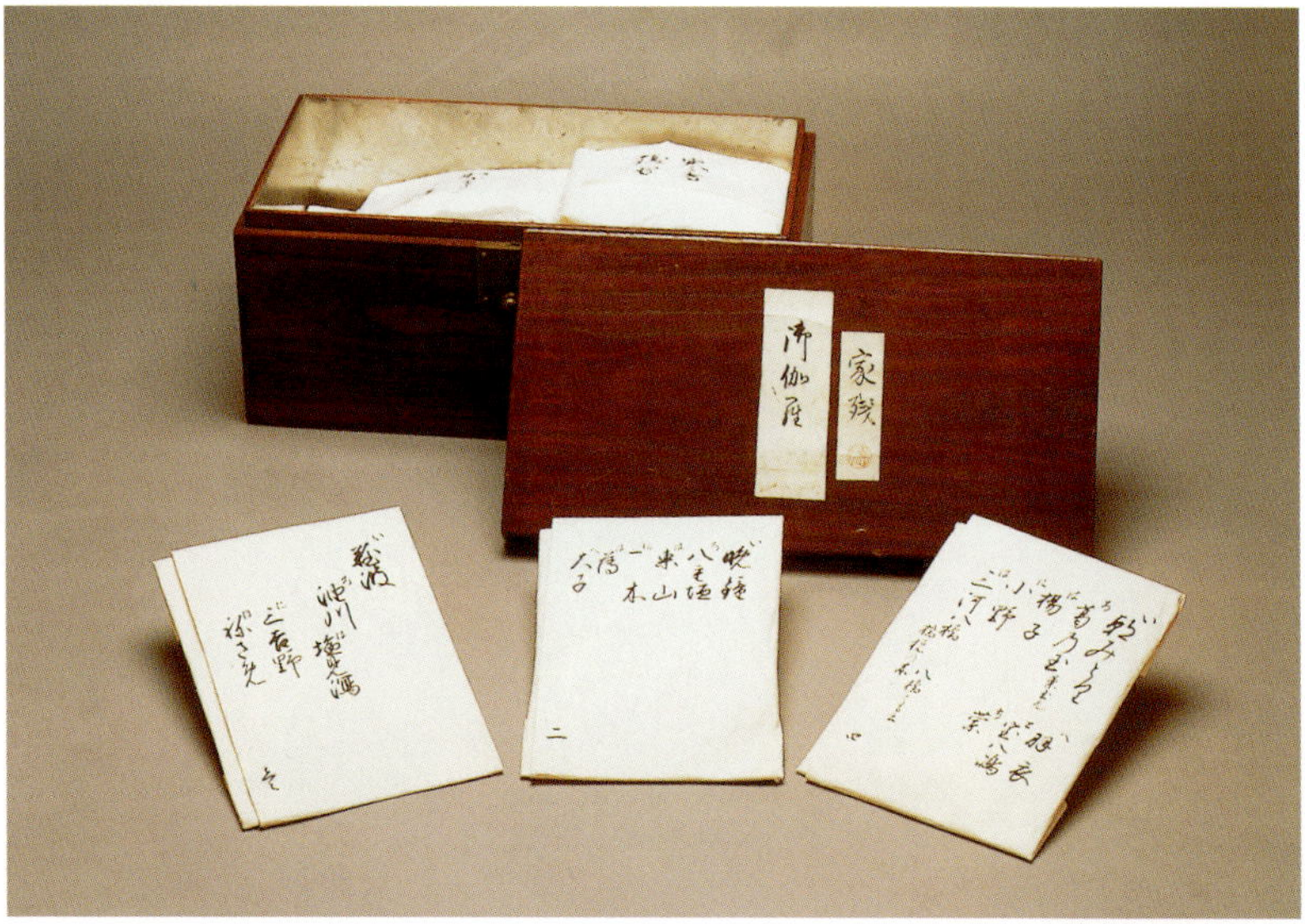

伊達家の香木を納めた「伽羅箱」と呼ばれる箱。現在は、政宗の長男の家系である愛媛県の宇和島伊達家伝来品として保存される。

©宇和島伊達文化保存会

錫箱に納められた名香、柴舟。宇和島伊達家伝来品として、大切に守られている。

在だったかがうかがえる。

香人にとって、香木は宝だ。なかでも東南アジア産の伽羅《きゃら》は最高級品だが、ある時、長崎に極上の伽羅が渡来した。同時に来合わせていた伊達家と細川家、前田家の家臣の間で殺生ざたになったとも、三等分してくじ引きにしたともいわれているが、手に入れた部分の伽羅を、政宗は「柴舟《しばふね》」と名付けてこよなく愛した。政宗のフリークぶりを如実に物語るエピソードだ。

また、日本最古の香会の記録は、寛永3(1626)年に政宗が主催したもの。当代きっての文化人たちを招いたこの席でも好成績を残しているから、当時の言葉でいえばさすが「伽羅人」である。〝伽羅〟はその頃、最上級の誉め言葉でもあった。まさに、最高にクールな男を形容するのにふさわしい呼び名ではないだろうか。

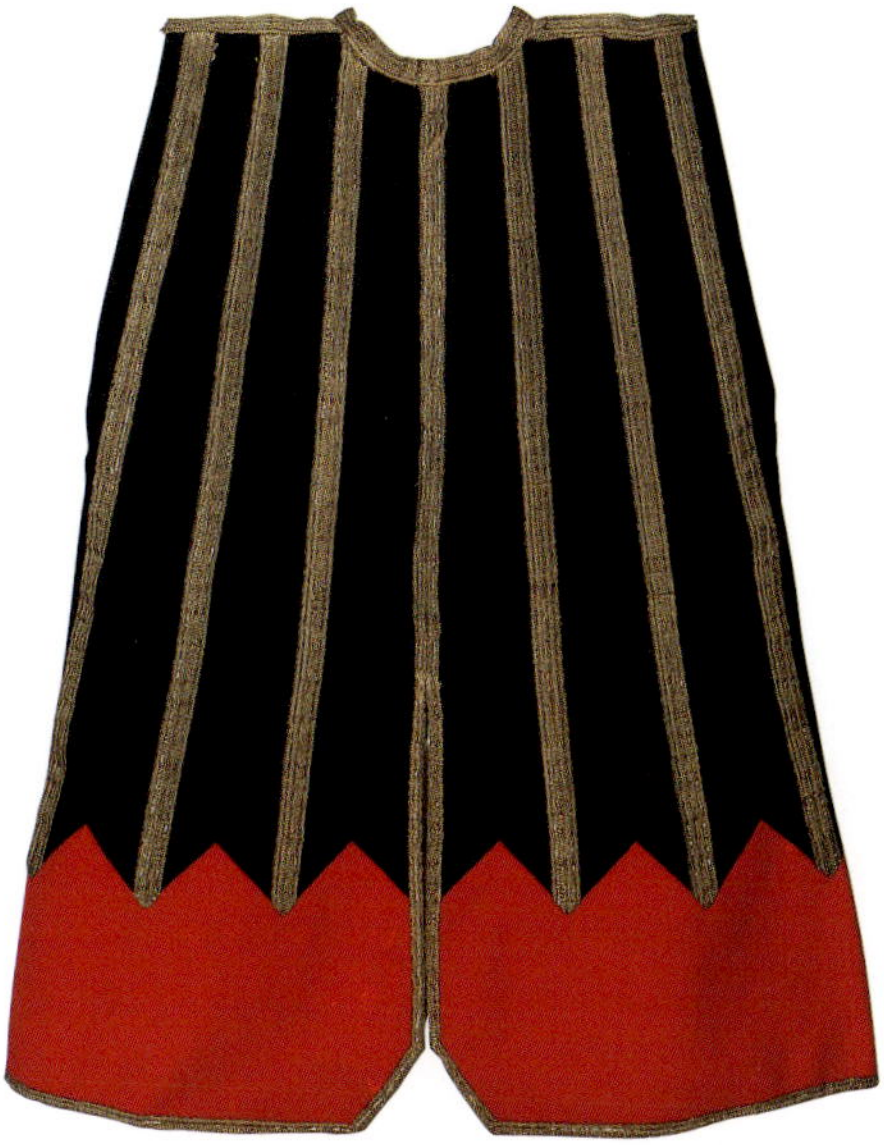

政宗所用の「山形文様陣羽織」。羅紗（らしゃ）という毛織物でつくられており、金銀の縞、緋色の裾が派手である。政宗の大胆な着こなしがうかがえる一品。

©仙台市博物館

上とは対照的な色合いだが、この「黒羅背板地胴服」は、曲線裁断を取り入れた異色の胴服。家臣の菅野勝左衛門重成が、政宗から拝領したものとされる。

©仙台市博物館

古田織部

Oribe Furuta

一五四四～一六一五年

乱世のエネルギーをもって、茶を革新した男。

昨今は、マンガの主人公「へうげもの」として、すっかり名を知られるようになった古田織部。千利休亡き後、茶の湯の天下一宗匠《そうしょう》として名を馳せるも、徳川家康に謀反の嫌疑をかけられ非業の死を遂げた武将茶人である。利休が死して伝説となったことに比べ、織部は残された資料が少ないこともあり、長らく忘れ去られていた存在だった。

だが、「茶の湯は人まねではなく、自由な創意こそ大切だ」という利休の思想を、最も生き生きと体現していたのは織部だろう。アヴァンギャルドな美学を思う存分、表現していった織部の芸術性は、もっと評価されていいのではないだろうか。

武人としての織部は、勇猛果敢な武将というよりは、ネゴシエイターとしての活躍が光る。敵方の武将を説得して味方に引き入れることに幾度も成功し、織田信長や豊臣秀吉の信任を得ていった。その巧みな交渉力は、織部のスト

レートで大らかな人柄によるところが大きいといわれている。

そうした大らかさは、茶の湯においても遺憾なく発揮された。師である利休の侘び茶とは対極の、渦巻くようなエネルギーは圧巻だ。利休が静であり引き算なら、織部は動であり足し算だった。

織部好みの焼き物は、そうした個性の表れ。自身の名を冠した織部焼の茶碗は、強い歪みや現代アートのように大胆な文様など、自由闊達な魅力にあふれている。懐石用の器も、六角形や八角形、扇などの具象形、奇抜な不整形など、従来の形から大きく逸脱した造形だ。織部が実際の制作にどこまでタッチしたかは不明だが、アートディレクターとして現場の自由な創造を促したことは間違いないと思われる。

井戸茶碗「十文字」は、織部の並外れた美意識を物語る品のひとつ。名器とされていた高麗茶碗を、大ぶりすぎると4つに割り、寸詰めして十文字に継ぎ合わせたというから驚かされる。

茶室に関しても、織部の創意はとどまることを知らない。極端に狭く、ほの暗い小宇宙だった利休の茶室に対し、織部は空間を広くとり、窓もたくさん設けて明るさを採り入れた。京都の藪内《やぶのうち》家《け》燕庵《えんなん》は、伸びやかな織部らしさが表れた代表的な茶室である。

コンセプチュアルな侘び茶が難しすぎると感じていた当時の人々は、明快でポップな織部の茶を大歓迎。彼は押しも押されもせぬ茶人になっていった。

こうして振り返ってみると、織部の直感的で大胆な個性は、戦国時代の武将たちがもつエネルギッシュで豪胆な気風を反映しているともいえそうだ。太平の世の江戸期になると、個としてのがむしゃらな活躍は徐々に否定されていく。織部は、乱世的エネルギーをアートに持ち込んだ、最後の残り火なのかもしれない。

©三井記念美術館

織部の直感的で大胆な美意識が発揮された、井戸茶碗「十文字」。4つに割り、十文字に継ぎ合わせた跡がはっきりわかる。

個人蔵

「黒織部 沓茶碗」。歪みのあるフォルム、モダンな柄は、織部が生み出したアヴァンギャルドな織部茶碗の特徴である。

©(株)新潮社 撮影・筒口直弘

織部が手がけ、のちに藪内家に譲った藪内家燕庵は、織部の好みを最もよく伝える茶室である。三畳台目に加え一畳の相伴席があり、利休の待庵より格段に広い。さらに、10もの窓が設けられているため、明るくリラックスできる雰囲気だ。

細川忠興

Tadaoki Hosokawa

一五六三〜一六四五年

名門生まれ、渋好みのマルチプロデューサー

戦国武将には、多芸多才な人物が少なくない。武将たちの社交に茶の湯や能などの文化は欠かせないものであり、先に紹介した伊達政宗をはじめ、文武両道を究めた武人はライバルたちからも一目置かれる存在だった。

なかでもひと際、マルチな芸達者ぶりを誇ったのが細川忠興。足利幕府を支えてきた名門、細川家の生まれであり、父の幽斎は当代最高と謳われた文化人である。戦国時代有数のセレブリティという恵まれた環境の中で、さまざまな才能が自然と育まれていったのだろう。

ときには父とともに能を軽やかに舞い、古田織部と並ぶ千利休の愛弟子として茶の湯の道も究めた忠興。アヴァンギャルドな織部とは対照的に利休の侘び茶を忠実に継承し、晩年に出家したのちの号が三斎であることに由来する、「三斎流」の茶道の祖となったことでも知られている。

能や茶道の深遠な世界に通じているとはいえ、忠興は決して優男のお坊ちゃんではない。関ヶ原の合戦や豊臣秀吉の朝鮮出兵など、生涯に50以上もの戦いを勝ち残った、歴戦の勇

者である。
いくつもの戦場の経験をもとに考案したと伝えられているのが、兜や甲冑といった具足類のデザイン。ほかの武将たちに多い奇抜なスタイルと比べて、実に渋好みだ（56ページ参照）。黒がベースで、鉄と革をうまく使って軽量化されている。とりわけ個性的なのが兜で、ヘルメット型のシンプルなフォルムだが、てっぺんに山鳥の羽根がピンと逆立っている。合戦中に木の枝などに当たっても、しなやかな羽根なら落馬する危険はない。見事な機能美と凛とした気品に、洗練されたセンスが感じられる。

こうしたさりげない洒落者ぶりは、刀の鍔《つば》にも見受けられる。忠興が製造を奨励したとされる「肥後鐔《ひごつば》」のなかには、破れた扇をモチーフに象眼細工が施されたものなど、渋い存在感を放つ逸品がある。華美に走らないところは、いい意味でスノッブな審美眼が磨かれていたこととの表れともいえる。

©永青文庫

忠興が、藤原定家の有名な歌「見わたせば〜」を、金銀の箔散らしの美しい色紙に書いたもの。忠興は、優れた歌人でもあった父の幽斎から歌を学んだ。

鮫皮を研ぎ出した渋い鞘の「歌仙拵（かせんごしらえ）」。忠興がこの刀で36人の家臣を切った後、三十六歌仙にちなんで付けられた名だという。

©永青文庫

忠興はほかにも、簡易で使いやすい「越中ふんどし」や、江戸時代のトイレ特有の、使用中か否かがすぐわかる小さな扉「半戸」の考案者だとも伝えられている。活躍のジャンルは実に幅広い。現代ならさしずめ、マルチプロデューサーといったところだろうか。

突出した個性で切り込んでいくのではなく、戦や政治力を含めた幅広い分野で如才のなさを発揮していった忠興。それが、織田信長から徳川家康の代に至るまで乱世を無事に切り抜け、長寿を全うできた理由かもしれない。

©永青文庫

破れた扇と桜の花を金象嵌（きんぞうがん）で表した、格調高い「破扇散図鍔（はせんちらしずつば）」。肥後鐔の最高傑作。

武人ならではの力強さが宿る、作庭家の仕事。

上田宗箇 Soko Ueda

一五六三〜一六五〇年

巨大な石橋が枯山水にどっしりと架かり、随所にダイナミックな石組みが配された迫力のある庭。その豪快さで見る者を圧倒するのが、徳島市にある旧徳島城表御殿庭園である。この庭園を手がけたのが、上田宗箇。勇猛な武将で茶人としても知られた宗箇は、優れた作庭家でもあった。

宗箇の生涯をたどると、武人としての紆余曲折が、作庭の道に深く影響している。本名は上田重安。小柄ながら人一倍、血気盛んで、戦場において先頭を切って突撃を開始する「一番槍」で名を上げ、豊臣秀吉の側近に取り立てられる。だが、関ヶ原の合戦で豊臣方についたため、領地は没収。出家して宗箇と名乗った後、

©TOSHITAKA MORITA / SEBUN PHOTO/amanaimages

宗箇が手がけた最初の庭でもある、旧徳島城表御殿庭園。枯山水庭と写真の池泉庭の双方からなり、それぞれ大小の奇石が迫力ある表情を見せる。

阿波の蜂須賀家や紀州の浅野家の客臣となる。大坂夏の陣で大活躍し徳川家康に許されるも、大名に戻ることはかなわなかった。
　秀吉のもとで茶道や作庭など桃山文化に習熟していた宗箇だが、大名復帰の道が絶たれたことで、本格的にその道へ進むことになったと思われる。
　宗箇の庭の特徴は、なんといっても武人ならではの豪快さ。とりわけ、力強い石橋は圧巻だ。これらは桃山時代の庭の特徴でもあり、その究極の完成形が旧徳島城表御殿庭園だといえる。長さ10m以上もある自然石を切り出して架けた巨大な橋。それを7対3の割合の部分でわざと折って下に橋台を入れる豪胆さ。その他の石も厳選されたものがしかるべき所に配置され、力強さだけではないきりりとした厳しさをも漂わせているのが、宗箇ならではの感性の表れだろう。

　その後も、名古屋城二の丸庭園や縮景園など、次々と時代を代表する庭を造っていった宗箇。遺言で散骨し肖像画も残さなかったのは、武将としての道を全うできなかったことを無念に思ったためかもしれない。だが、宗箇の残した庭は、素晴らしい作庭家の存在を、確かに伝えている。

もっと知りたい 戦国武将

幾多の景勝を縮めて表現したとされる、広島の縮景園も、宗箇が残した名庭のひとつ。園の中央に池を掘って、大小の島を浮かべ、周囲に茶室や四阿(あずまや)などを配した。

藤堂高虎

Takatora Todo

一五五六〜一六三〇年

数々の名城を築き上げた、当代随一の建築家。

「希代の世渡り上手」。作家の司馬遼太郎が、藤堂高虎を評した言葉である。主君を7度も変え、処世術に長けた武将として、高虎を冷ややかな目で捉えていたことがうかがえる。

近江国で武士の子として生まれた高虎は、浅井長政に仕えた後、阿閉《あつじ》氏、磯野氏、織田氏と領主を渡り歩き、21歳で木下秀長（豊臣秀吉の弟）に仕える。武功を立てた高虎は秀長からの信頼も厚く、家老にまで昇りつめる。その頃から徳川家康との親交が始まり、関ヶ原の合戦で徳川方に加わり伊予半国の大名となる。のちに伊賀・伊勢32万石の領主となった高虎は、外様大名ながら家康から譜代大名以上の信頼を得て、側近として徳川家の天下統一に貢献した。

とかく〝世渡り上手〟というイメージがつきまとう高虎だが、築城の名手、いわば建築家としての顔ももつ。大洲城、今治城、伊賀上野城、津城のほか、天下普請《てんかぶしん》として江戸城、二条城、

大坂城など生涯で17もの城を築く。その数は天下随一で、いずれも名城である。

家康との親交は、高虎が京都に家康の居館を普請したことに始まる。敵の鉄砲が届かないよう堀幅を広くした気遣いに家康は感心し、高虎の建築家としての才能に惚れ、のちに江戸城をはじめとする城の縄張（基本設計）を命じるのだ。

高虎の築城の特徴は、高さ日本一といわれる高石垣に表れる。構造物の強度を高める「犬走り」を設けた急勾配の石垣で、敵の侵入を阻むのだ。また、天守閣でも新たなスタイルを確立。それまでは望楼型天守と呼ばれる吹抜構造が主流とされたが、構造の弱さが欠点だった。高虎は長方形の天守を普請し、その上に規格化した部材を組み構造を強化した〝層塔型天守〟を編み出す。これは、工期を短縮し費用を安く抑えた画期的な発明でもあった。

「乱世は続かない。平和な時代が来る」と予期した高虎は、城下町の道幅を広くし、流通をよくする開放的なプランを採用して商業の発展にも尽くした。

〝世渡り上手〟とは、翻せば時代の先を読めたということ。高虎は、築城や都市計画を通して理想の国づくりを実践した武将なのだ。

文禄4（1595）年に伊予の領主となった高虎が改修をした大洲城。高欄櫓や台所櫓を修築し、四層五重の天守閣を築いた。

©伊賀文化産業協会

来るべく大坂の陣に備え、攻撃のための城として、高石垣をめぐらせた伊賀上野城。高虎は家康の信望が厚かった。

©伊賀文化産業協会

高虎が改修した、高さ30mを誇る伊賀上野城の石垣。圧倒的な威圧感で敵の戦意を喪失させる。

剣の奥義をアートに昇華させた、剣豪の眼力。

宮本武蔵
Musashi Miyamoto

一五八四〜一六四五年

宮本武蔵は、戦国時代から江戸時代の初期にかけて生きた、天下無敵、最強といわれた二刀流の剣豪である。佐々木小次郎との巌流島での決闘をはじめ、数多くの伝説を残している。一方で彼は、禅にも通じて、孤高の風情を漂わせる抜群の水墨画を描いた。

また晩年には、現代までも読み継がれている兵法書『五輪書』を書き遺した。『五輪書』は英訳もされており、欧米では日本文化論として広く読まれている。宮本武蔵は、戦国の世を生き抜くための超人的技術を備えた剣の達人という「武人」であっただけでなく、現代人の心にも訴えかける希代の「文人」でもあったのである。

武蔵は『五輪書』でこう語っている。

「武士は文武二道といひて、二つの道を嗜む事、是道也」

武士は学問と武芸のふたつを嗜むことが大事である、というのだ。

常に「文武二道」を心がけていた武蔵が描いた水墨画は、山水画、花鳥図、禅画など多彩である。『五輪書』に「万事におゐて、我に師匠なし」と書いた彼の画は、「剣禅一如」と評される武士の気迫を感じさせる。

18〜19世紀の文人画家、谷文晁《たにぶんちょう》は、武蔵の『花鳥図屏風』を模写するように命じられた際、「この画は画法をもって描いたものでなく、心魂をもって描いたもの。画技は模写で

きますが、心魂は模写できませぬ」と語ったそうだ。

武蔵が水墨画を描いたのは、晩年のことだったといわれる。巌流島の決闘などでその名を天下に知らしめた武蔵は、1640年、肥後国熊本藩藩主の細川忠利の招きで客分として熊本に迎えられた。しかし、忠利は翌年に亡くなる。名藩主といわれた忠利に心から仕えようとしていた武蔵の精神的打撃は大きかったという。

その後、彼は門人たちに兵法指南をしながら詩歌、茶、書画、彫刻を手がけ、細川家の菩提所である泰勝寺の大淵和尚や春山和尚と親交を結んだ。そして、熊本郊外の巌殿山雲巌寺（曹洞宗）の洞窟にこもり、禅の修行をしながら『五輪書』を書いたといわれる。

血みどろの戦国の世から、太平の世に移ろうとする時代の流れの中で、武蔵は「文武二道」を実践しようとする。剣と同時に兵法と書画・学問を究めようとしたのだ。

二刀流の剣法「二天一流」の祖であった武蔵の剣は、実戦において勝つための究極の技術であり、彼はその天才だった。と同時に彼は、戦いの状況を一瞬で見抜く感覚と鋭い観察眼をも持っていたという。

天才的な剣のアーティストだった武蔵は、

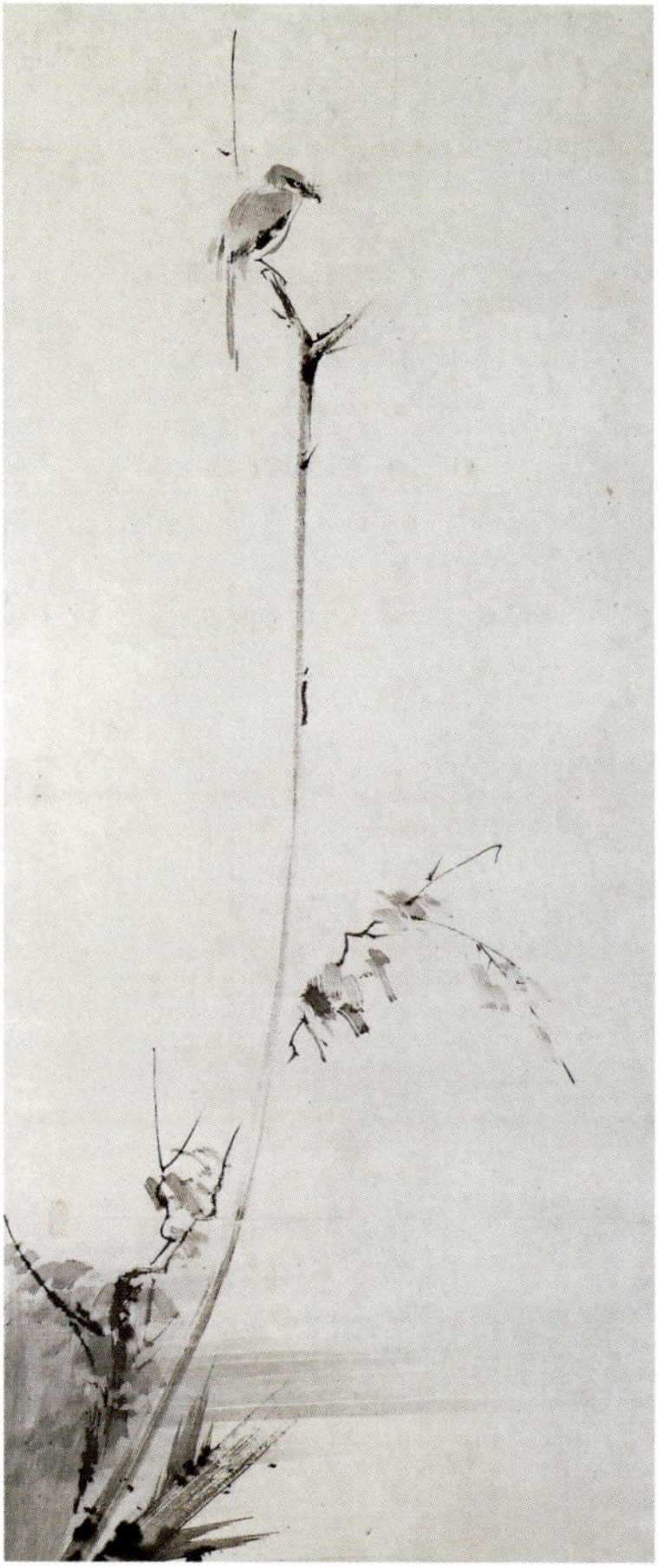

『枯木鳴鵙図』

所蔵：和泉市久保惣記念美術館

武蔵の代表作。モズが幹を這う虫を狙っている。鋭い嘴と眼。一瞬の緊張感が絵の全編を覆う。それは武蔵の剣法がはらむ緊張感につながる、剣禅一如の境地を表した画だ。

晩年、その卓越した技術と観察眼と思考力を、絵を描くことや兵法書の執筆へと転換させた。武蔵の絵は、ものの輪郭線を描かず、筆の腹を使う「没骨法《もっこつほう》」という技法で、一気呵成に描くものだ。しかも減筆である。それはたとえば『枯木鳴鵙図《こぼくめいげきず》』において、枯木にとまり、幹を這う虫を狙うモズの鋭い雰囲気に見られるように、真剣勝負で無駄な動きをせず、一撃のうちに勝負を決する武蔵の剣と同じものだ。

武蔵は「一命を捨つる時は、道具を残さず役にたてたきもの也」と述べた。武蔵は最晩年に剣の技術を芸術と思想書の制作に転換させ、「文武二道」を究めたのだ。

『蘆葉達磨図(三幅対の内)』

所蔵：徳川美術館

達磨大師は中国禅の始祖。我が国では鎌倉時代以降、禅僧らによって崇められ、礼拝図として描かれ床の間にかけられた。濃墨一、二筆で衣を表し、顔を緻密に描いている。

名言から読み取る、戦国武将の真実《リアル》。

弐

わが本多の家人は、志からではなく、見た目の形から、武士の正道に入るべし。

本多忠勝『本多遺訓』

徳川四天王の1人に列せられ、家康の家臣の中でもいちばんの勇将とされた本多忠勝は、志からではなく、外見から武士道に入れと言い遺した。「世間の武士道の教えでは、外見が変で、趣味などもおかしくても、志さえ正しく、武芸をたしなんで勇猛であれば、良い武士であるという」。だが忠勝の教えは違った。「形や趣味を見れば、人の心根もおのずと見える。心が好むものが、外に自然に表れるからだ」

いのちのうちに今一度、最上の土を踏み申したく候。水を一杯飲みたく候。

最上義光（家臣への手紙）

朝鮮出兵の拠点、肥前名護屋（現・佐賀県唐津）にいた最上義光が故郷の山形へあてた手紙。文禄元（1592）年の春、秀吉に参陣を命じられた義光は、秋には山形に帰れると考えていた。だが日本軍は苦戦し、義光も名護屋で越年。48歳の義光にもいつ渡海命令が出るかわからない。朝鮮の水が合わず多くの将兵が死んでいた。名護屋の水も海が近く、美味しくない。故郷への思いは、一杯の水への懐かしさとなった。

吾が敵は本能寺に在り。

明智光秀『日本外史』

天正10（1582）年6月2日未明、信長を京都・本能寺に襲った明智光秀が放ったとされる、あまりにも有名な言葉。光秀は謀反の直後に送った書状の中で、「近年信長に対し憤りをいだき、遺恨を抑えられず、今月2日、本能寺において信長父子を誅し、思いをはらすことができた」と書いている。ここで言う「遺恨」とは、信長が光秀を嫌って罵倒したり殴ったりし、領地替えを言い渡したことに端を発している。

女狂いは慎め。

豊臣秀吉（関白秀次への訓戒状）

「決してこの秀吉の真似をしてはならぬ」と続く言葉は、姉の息子・秀次を養子にし、関白の座を譲った時のもの。無類の女好きの豊臣秀吉には16人の側室がいたという記述もある。宣教師フロイスは『日本史』の中で、秀吉が全国から集めた300人の娘を側室にし、大坂城内に抱えていたと記す。この表現はやや誇大だが、秀吉がいつも寝室にさまざまな女性を呼び寄せていたのは事実。秀次はこの訓戒を守らず自滅した。

われを毘沙門天と思え。

上杉謙信『名将言行録』

仏教の帝釈天を守護する四天王の1人で、北方世界を守護する武神が毘沙門天。甲冑を纏い、一方の手に仏塔を、もう一方の手に矛を持つ。上杉謙信は北の越後にいる自分を毘沙門天に見立て、天皇と将軍を守る大将であろうとした。謙信はこの願いを成就させるため、鳥魚の肉を断ち、女性と交わることを自ら禁じた。また、合戦前には毘沙門堂にこもって座禅瞑想して作戦を練り、「毘」の一字を旗印に掲げて出撃した。

生きるか死ぬかの、
戦場に映る美意識。

もっと知りたい
戦国武将

奇抜な甲冑は、自己主張のデザインだ。

桃山時代の鎧兜は「当世具足」と呼ばれた。いまふうの具足という意味だ。その特徴は、金銀箔や朱漆などで多彩な装飾を行い、個性を競い合うようになったこと。南蛮文化との接触が変化の誘引になった側面もある。戦国末期には「変わり兜」と呼ばれる、動植物や魚貝、神仏や器を模した異形の兜もたくさん作られるようになった。

こうした具足が大流行した理由は、戦場で手柄を立てるような活躍をしても、味方の大将に自分の活躍を印象づけなければ、恩賞にもありつけなかったからだ。戦国武将たちは、真剣に目立つ必要があった。甲冑は、身を守る手段であるとともに、生きるか死ぬかの場で自己を際立たせるための、主張の道具でもあったのである。

「兜には念を入れるべきだ」と、徳川家康も語っている。なぜなら、合戦で討ち死にすれば、兜は自分の首とともに敵に渡るから。死がごく身近だった乱世の華として、個性的な甲冑が合戦の舞台を駆け抜けた。

伊達政宗 所用
黒漆五枚胴具足
（重要文化財）

（だてまさむね しょよう くろうるし ごまいどうぐそく）

所蔵：仙台市博物館

ご存じ、独眼竜・伊達政宗の具足。全身が黒光りする洗練された兜と具足に、金色の弦月が映える。「伊達者」という言葉のもとになったという、政宗のセンスのよさが一目瞭然だ。兜は黒漆塗りで62枚の鉄板で作られ、前立の弦月（半月ともいう）は金箔張り、胴は黒漆塗りの鉄板5枚で構成される。

立物(たてもの)

兜を被ると顔がわからなくなるため、目印として重要だったのがこの立物。これは前立(まえだて)で、脇立(わきだて)、後立(うしろだて)の付いた兜もある。

鉢・𩊱(はち・しころ)

通常、兜の鉢は鉄製で、数枚の鉄板を張り合わせて作られる。𩊱は鉢の下に取り付けて首を守るもの。

面具(めんぐ)

頬当や面頬ともいう。髭や鼻を付けて異様さを演出するのは、年少者や老人でも気取られないためだ。

胴(どう)

古くは札(さね)と呼ばれる、鉄の小片を糸や革でつないだ胴が多かったが、戦国期は鉄板ものが主流に。

籠手(こて)

手の甲部分は鉄の打ち出しや革を使用。他の部分は布の上に鎖をつなぎ、腕を切られないよう工夫した。

草摺(くさずり)

下半身を守るもの。胴や草摺をつなぐ縦糸の色により「白糸威(おどし)」など具足の名称の一部が決まる。

佩楯(はいだて)

太腿から膝までを守る。膝鎧ともいい、古来から使用されていたが、当世具足で用いられることが多い。

臑当(すねあて)

臑から足首を守るもの。鉄や革を用い、足形に合うように作られた。膝当て部分は立挙(たてあげ)と呼ぶ。

徳川家康 所用 南蛮胴具足
（重要文化財）

（とくがわいえやす しょよう
なんばんどうぐそく）

写真提供：和歌山県立博物館
所蔵：紀州東照宮

胴のへこみは、鉄砲による試し撃ちの跡。輸入した西洋の甲冑を和風に装飾したものを「南蛮胴」という。鉄砲が武器として重要になった時代には、厚い鉄板の南蛮胴が好まれた。これを模して作った完全国産の和製南蛮胴もあるが、これは舶来物の兜と甲冑に、和製の面頬や草摺を加えたもの。家康の所用と伝えられる。

前田利家 所用
金小札白糸素懸威胴丸具足
（重要文化財）

（まえだとしいえ しょよう
きんこざね しろいとすがけおどし どうまるぐそく）

所蔵：前田育徳会

兜・胴ともに黒漆の上に金箔を押した、きらびやかな具足。天正12(1584)年、家康側についた佐々（さっさ）成政と戦った末森の合戦の際、前田利家が着用していたものといわれ、この合戦の利家を題材にした絵には必ず描かれている。合戦後、功を立てた家臣に与えられたが、江戸期に再び前田家に献納された。

前田慶次 所用
朱漆塗紫糸素懸威
五枚胴具足南蛮笠式

（まえだけいじ しょよう
しゅうるしぬり むらさきいとすがけおどし
ごまいどうぐそく なんばんかさしき）

所蔵：宮坂考古館

編み笠形の兜に赤胴で、鱗形の袖が奇抜。近年、小説や漫画に登場する奇傑として人気が高い、前田慶次の所用と伝わる。だが慶次についての一次資料はほとんどなく、その実像は不明だ。慶次は前田利家の兄、利久の養子だったが、義父に代わって家督を継ぎ、自由奔放に生きたという。

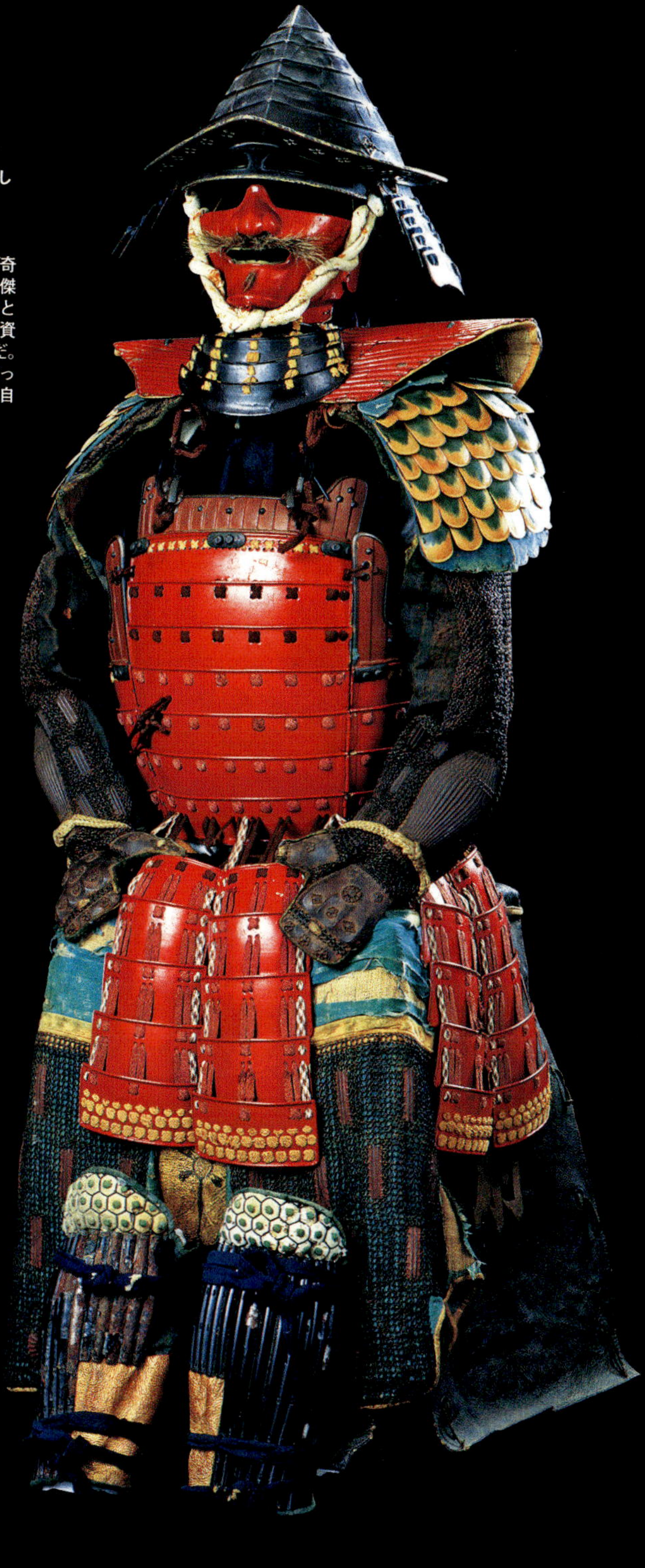

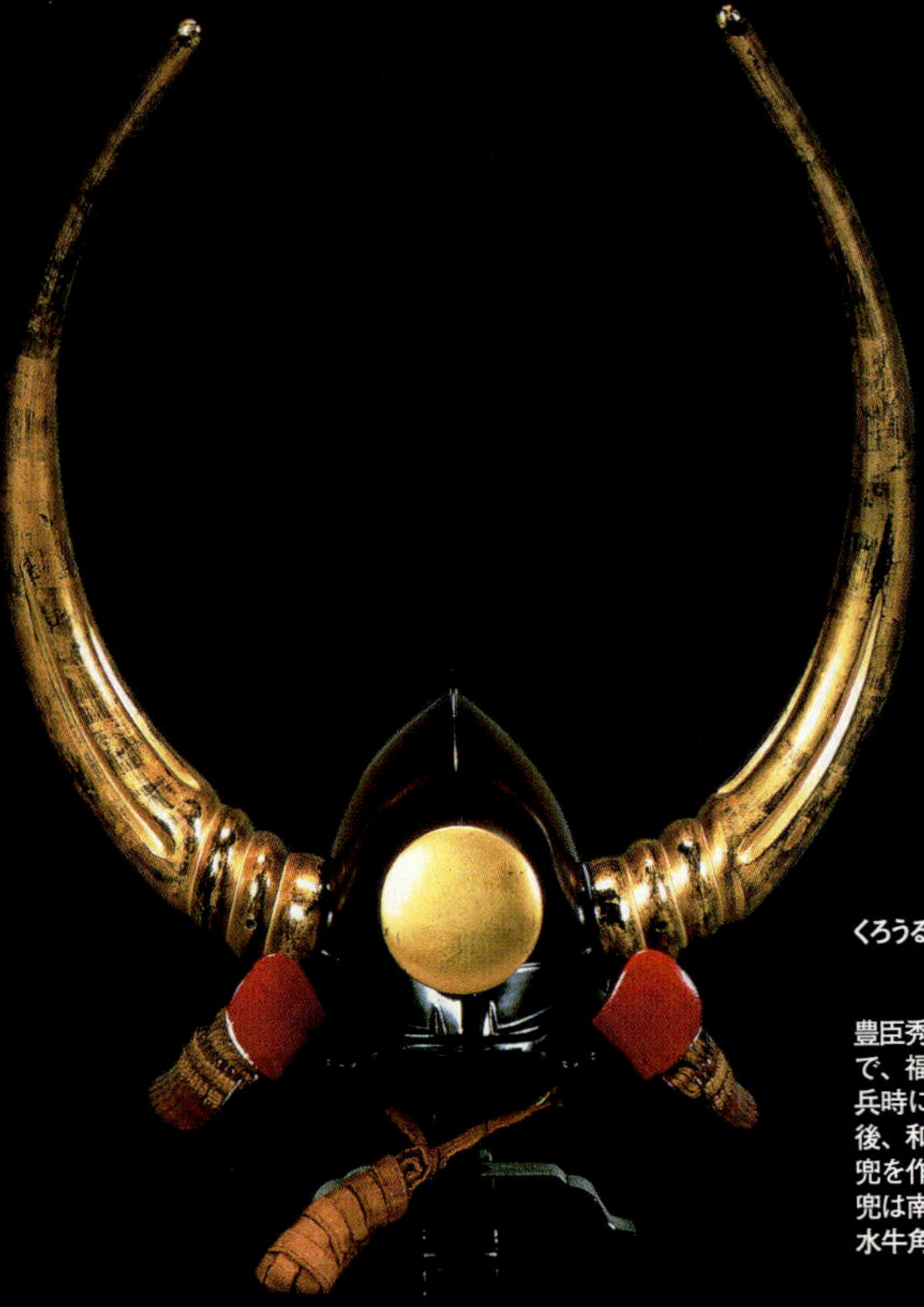

黒田長政 所用
黒漆塗桃形大水牛脇立兜

(くろだながまさ しょよう
くろうるしぬり ももなり おおすいぎゅうわきだてかぶと)

所蔵：福岡市博物館（撮影／藤本健八）

豊臣秀吉の軍師として有名な黒田如水（官兵衛）の子で、福岡藩初代藩主となった黒田長政の兜。朝鮮出兵時に一緒に戦った福島正則と不仲になり、帰国後、和解した折に交換したのがこの大水牛の兜。替兜を作っておいたことから福岡にも残された。桃形兜は南蛮兜の影響でできたもので、初期の変わり兜。水牛角は張子に金箔を張って軽量化してある。

黒田長政 所用
銀箔押一の谷形兜

(くろだながまさ しょよう
ぎんぱくおし いちのたになりかぶと)

所蔵：福岡市博物館（撮影／藤本健八）

源平合戦で源義経が馬で駆け下りて平家の奇襲に成功した、一の谷。その断崖を模した兜は、元来は福島正則のものだった。朝鮮出兵中に正則と不和になった黒田長政がのちに正則と和解し、その証しに互いの兜の写しを交換したため、福岡に残った。その後、関ヶ原の合戦には、長政が被って出陣している。「一の谷」部分の素材は檜の薄板、表面は銀箔押しだ。

吉川広家 所用 三つ巴具足

（きっかわひろいえ しょよう みつどもえぐそく）

所蔵：吉川史料館

毛利元就の孫にあたり、周防国にあった吉川広家が秀吉の朝鮮出兵時に使用したと伝えられる。兜は徳利形で頂辺筒形、鉄4枚張りの錆塗地。胴は鉄錆地の4枚胴で、朱塗りの中に金色の渦が巻く三つ巴紋がある。渦は力を表すともいわれるが、その由来はよくわかっていない。南蛮風具足の一種。

谷津主水 所用 猿面形兜

（たにつもんど しょよう えんめんなりかぶと）

写真提供：名古屋市博物館（撮影／杉浦秀昭）
所蔵：出石神社

猿面のように見えるが、立派な兜である。信長や秀吉の時代に活躍した仙石氏の家臣、谷津主水が大坂夏の陣で着用したという。猿のようにすばやく戦場を駆け回れるように、との願いを込めたともいわれる究極の一品。兵庫県豊岡市の出石神社に伝わる。兜と面頬がひと続きになっており、練り革で作られている。

伝 上杉謙信 所用
朱皺漆紫糸素懸威
六枚胴具足
三宝荒神形兜付

（でん うえすぎけんしん しょよう
しゅしぼうるし むらさきいとすがけおどし
ろくまいどうぐそく
さんぽうこうじんなりかぶとつき）

所蔵：仙台市博物館

「三宝荒神」とは、仏法を守護して害悪をなす者を威嚇するため、目を吊り上げ、憤怒の相をした3面の顔をもつ神。三宝荒神部分は革に漆を重ねて作られ、革や紙を使って軽量化を図る張懸（はりかけ）という手法が用いられている。兜の縁の「大」の字は蒔絵によるもの。所蔵していた伊達家では、上杉謙信の所用として伝わっている。

伝 長宗我部信親 所用 紅糸威二枚胴具足

（でん ちょうそかべのぶちか しょよう べにいとおどし にまいどうぐそく）

写真提供：高知県立歴史民俗資料館
所蔵：雪蹊寺

四国の雄、長宗我部元親の息子・信親の具足と伝わる。鹿の角をかたどった脇立が特徴的。胴は日の丸の紋柄威。武田氏や上杉氏も当時、日の丸を軍旗に使用した。元親は四国を統一したが、秀吉に攻められ配下に。信親は天正14（1586）年、九州征伐の最中に戦死した。関ヶ原で西軍についた長宗我部氏はその後、改易された。

黒田如水 所用 朱塗合子形兜・黒糸威胴丸具足 小具足付

（くろだじょすい しょよう しゅぬり ごうすなりかぶと・くろいとおどし どうまるぐそく こぐそくつき）

所蔵：福岡市博物館（撮影／藤本健八）

胴は黒田如水の所用といわれる。兜は「如水の赤合子」といわれ、戦場で恐れられた品の江戸期の複製である。「合子（ごうす）」とは蓋の付いた容器のことで、お椀を逆さにした形からその名がきている。如水が関ヶ原の合戦で着用したオリジナルは江戸期に家老が拝領し、のちに盛岡藩に献上された。現物はいまも盛岡にある。

黒田長政 拝領
銀箔押南蛮兜

（くろだながまさ はいりょう
ぎんぱくおし なんばんかぶと）

所蔵：福岡市博物館
（撮影／藤本健八）

欧州から輸入した甲冑を改装した南蛮兜で、鉢全体が銀箔押しとなっている。慶長5（1600）年、石田三成の挙兵に対し、家康が大坂に向け出兵する際、黒田長政に福島正則の引き留め工作などを依頼、その折にこの兜を下賜した。前立はシダの葉。シダは長寿や一家繁栄の象徴であり、家康が兜の飾りとして好んだという。

細川忠興 所用
黒漆塗頭形兜・
黒糸威横矧二枚胴具足

（ほそかわただおき しょよう
くろうるしぬり ずなりかぶと・
くろいとおどし よこはぎ にまいどうぐそく）

所蔵：永青文庫

兜は「山鳥の尾」の頭立で、鞠の周囲に、黒熊の装飾、引廻が付く。細川幽斎の息子、忠興（三斎）が関ヶ原の合戦で着用したと伝えられる。忠興は利休七哲の1人で、茶人としても知られたが、武具の研究にも熱心で、三斎流と呼ばれる独自の甲冑様式や、越中頭形（えっちゅうずなり）という兜の形を作り出した。

豊臣秀吉 所用
銀伊予札白糸素懸威胴丸具足
（重要文化財）

（とよとみひでよし しょよう
ぎんいよざね しろいとすがけおどし どうまるぐそく）

所蔵：仙台市博物館

天正18（1590）年、秀吉が小田原征伐後に奥州仕置のため東北へ赴いた際、宇都宮で参陣した伊達政宗に贈った具足と伝えられる。前立に軍配団扇を配した兜は、熊の毛を張られ、周囲には舶来物のヤクの毛が飾られている。

徳川家康 所用
熊毛植黒糸威具足

（とくがわいえやす しょよう
くまげうえ くろいとおどし ぐそく）

所蔵：徳川美術館

大水牛の角をかたどった脇立が兜の両脇に突き出す。角は桐製で黒漆塗り。角のしわまで表現されている。兜の鉢と胴・籠手・草摺の表面に熊毛が植えつけられ、全身が黒尽くしの中で面頬の真紅が際立つ。尾張徳川家の蔵帳には「東照宮（家康）御召」と書かれている。全国に数領が存在する家康の具足のひとつ。

吉川広家 所用 黒塗鯰形兜

（きっかわひろいえ しょよう くろぬり なまずなりかぶと）

所蔵：吉川史料館

鉄製の鉢の上に黒漆塗で木製のナマズがかたどられ、目、口、髭からエラ、尻尾に至るまでを表現。毛利氏の縁戚、吉川広家が、関ヶ原の合戦の前日に使者の役目を果たす家臣に与えた。使者は、石田三成方の総大将として擁立された毛利輝元が参戦しないことを家康側に伝えに行くという、重要任務を帯びていた。

上杉家中 所用 金銀箔押古頭形兜

（うえすぎかちゅう しょよう きんぎんぱくおし こずなりかぶと）

写真提供：竹村雅夫

越後米沢藩の上杉家中由来。前立は金箔押し、兜の鉢は銀箔押しというのは珍しい。古頭形という3～5枚の少ない鉄板からなる古い型の頭形。鉢本来の製作年は上杉謙信の晩年に近い、元亀・天正（1570～75年）頃。戦国期のよい兜が上杉家由来のものに多いのは、江戸期に領国の石高が減らされ節制を余儀なくされたことにもよるが、古いものを大切にした家風のおかげでもある。

佐竹義重 所用
黒漆塗六十二間筋兜・
黒塗紺糸威具足

(さたけよししげ しょよう
くろうるしぬり ろくじゅうにけん すじかぶと・
くろぬり こんいとおどし ぐそく)

所蔵：秋田市立佐竹史料館

小田原の北条氏と争った常陸国の戦国大名、佐竹義重の所用。戦国期にも有名だった「佐竹の毛虫」と呼ばれる前立が、異彩を放つ。毛虫は常に前に進み、後退することがないため、前立に採用したという説もある。鳥毛の脇立も付き、とにかく豪華だ。息子の義宣も、毛虫の前立をもつ兜を使用していた。

もっと知りたい戦国武将

徳川家康 所用
花色日の丸威胴丸具足

(とくがわいえやす しょよう
はないろ ひのまるおどし どうまるぐそく)

所蔵：徳川美術館

胴は鉄片を黒漆で固めた小札(こざね)を花色(薄い藍色)の糸でつづり合わせ、胴中央と大袖に紅糸で日の丸を描く。兜は黒漆塗りの阿古陀形(あこだなり)といわれる瓜形の鉢で、籠手と臑当には桐や巴の紋が蒔絵で施してある。明治維新まで尾張徳川家の居城だった名古屋城に納められ、秀吉所用とされてきたが、近年の調査で家康着用説が唱えられている。

いまや美術品、猛者が愛用した刀・槍・銃。

戦国時代の武器としては、刀・槍・鉄砲が一般的に使用されていたといわれる。その使用法については、『雑兵物語』に記載されるなど、マニュアル化が進んでいた。ただし、海外から伝わった鉄砲は、威力が大きい反面、操作が難しく水に弱いという欠点があった。

古来より最もよく用いられていた武器は、刀である。現在、刀は美術工芸品として愛好されているが、戦国時代に足軽が使った刀は野鍛冶によって製作されており、大量生産の粗悪品が多かった。時代劇のように相手を斬るというよりも、「刺す」あるいは「叩きのめす」ことのほうが多かったようだ。

国宝である「へし切」は、切れ味の鋭さから逸話を残している。作者は、南北朝期に活躍した刀工、長谷部国重。これがのちに、織田信長の手に渡った。信長の逆鱗に触れた観内という茶坊主が膳棚に隠れた際、信長は膳棚ごと「へし切」で押し付けるように茶坊主を斬ったという話が伝わっている。この刀は、やがて信長から中国征伐の献策をした黒田如水へ恩賞として与えられ、家宝として黒田家に代々伝わることとなる。

その後、平和な時代が訪れると、武器にはより華やかな装飾が施され、美術工芸品として珍重されていく。個性的で美しい名作は、いまでも我々を魅了し続けるのだ。

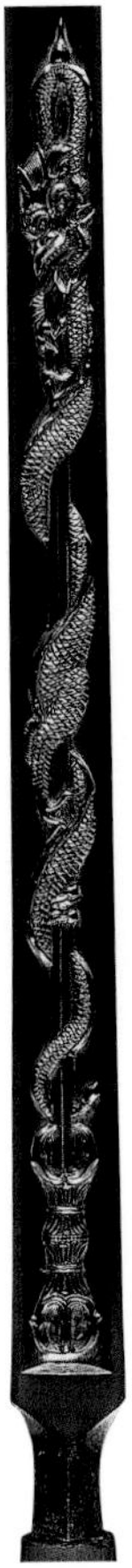

美しい文様が施されており、武器としても観賞用としても愛玩されたといわれる。昭和56年に、黒田家から福岡市へ寄贈された。

撮影：山田満穂

撮影：要 史康

『大身槍名物(日本号)』

所蔵：福岡市博物館

「御手杵」「蜻蛉切」と並ぶ天下三名槍のひとつ。黒田節の一節「日本一のこの槍」とはこのこと。黒田如水の家臣、母里友信が福島正則のついだ大杯の酒を飲み干し、見事手にした。

螺鈿(らでん)は、漆工芸の一技法。夜光貝・あわび貝など光を放つ貝殻を文様に切り、木地や漆塗りの面にはめたり貼りつけたもの。

Image: TNM Image Archives

『十文字槍』

所蔵：東京国立博物館

加藤清正の片鎌槍として知られている。室町時代中期に作られた。片方の枝が短いのは、虎に食いちぎられたからであるといわれているが、当初からこのような形であった。

『慶長大火縄銃』

所蔵：堺市博物館

慶長15（1610）年の作。長さ3mの日本一大きな火縄銃。砲術師の稲富一夢が指導した、近江の国友鉄砲鍛冶と堺の鉄砲鍛冶との合作。大坂の陣で使用するための試作銃。

『大火縄銃 銘 榎並屋勘左衛門 大てんぐ 十匁弐分』

所蔵：大阪城天守閣

堺の鉄砲鍛冶が製作した、2mを超す大鉄砲。秀吉の配下にいた毛利高政が、朝鮮出兵や大坂の陣で使用したものと同じ仕様。おおむね16世紀後半〜17世紀初頭のもの。

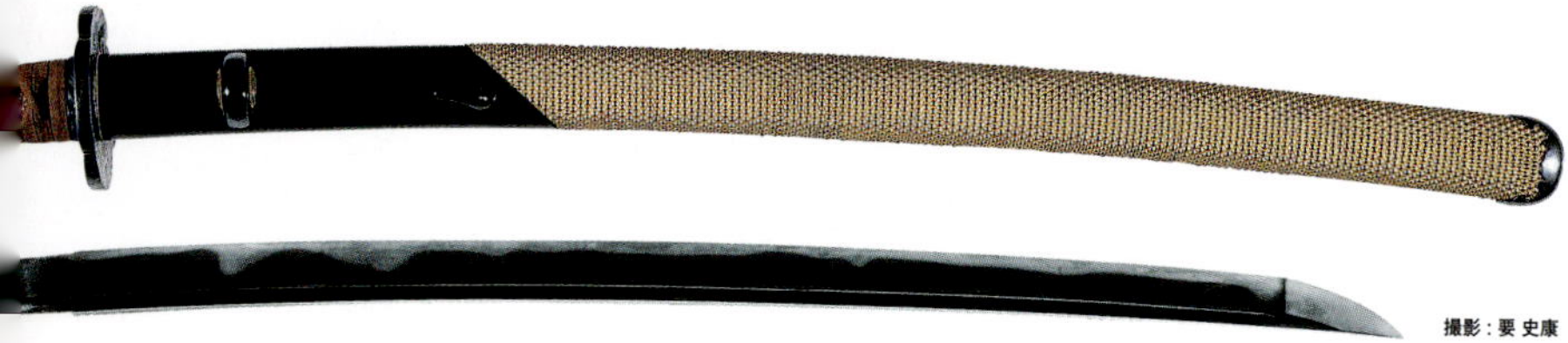

撮影：要 史康

『前田利家 所用 重文 雲龍蒔絵朱鞘大小』

所蔵：尾山神社

柄は大小ともに金打出しの鮫着せで、黒革の掛巻で締めている。柄頭は鞘と同じく朱漆塗りに雲の文様を表現。「傾奇（かぶき）者」といわれた前田利家にふさわしい名刀。

写真提供：便利堂

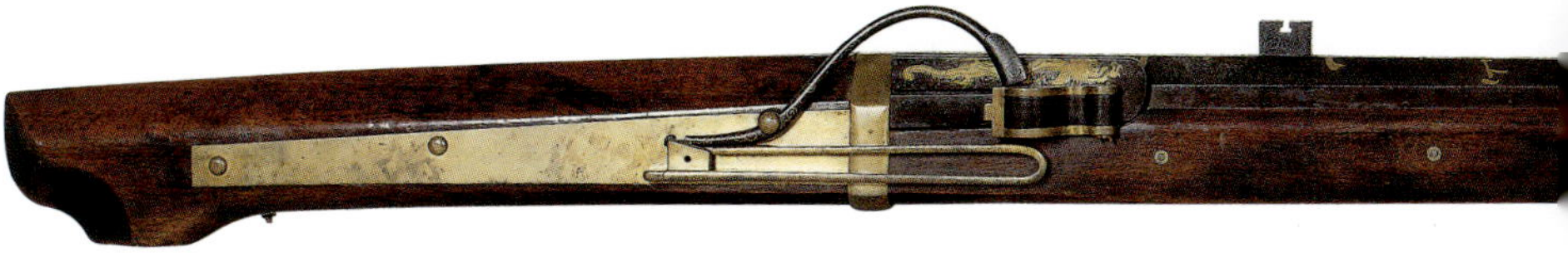

『黒田如水 所用 国宝 刀金象嵌 銘 長谷部国重(名物へし切)』

所蔵:福岡市博物館

黒田如水が信長から拝領したもの。信長の怒りに触れた茶坊主が膳棚に隠れたが、膳棚ごと斬られたという逸話をもつ剛刀。刀身は南北朝時代の由緒があるとされる。

『毛利輝元 所用 重文 漆絵大小』

所蔵:厳島神社

毛利輝元の名刀。特異な大小の拵(こしらえ)。柄は先が強く反り、鞘は薄く締まった平肉の尻張で、その上に金箔を押して龍を黒漆で描き、透漆をかけ白檀塗りをしている。

歴史を変えた合戦にみる、画期的な戦術。

戦争が打ち続くなか、戦国大名は戦術を重視し、軍事指揮官である軍師を用いた。軍師は、中国の兵法書『孫子』などを学び、戦地となる地形や天候に熟知した。また、陰陽道の影響を受けた占星術や易にも精通し、縁起を担ぐような側面もあった。著名な軍師には、築城に優れた山本勘助、兵糧戦を得意とした竹中半兵衛、獅子奮迅の戦いで知られた島左近がいる。

戦術としては、大将を中心にその周囲で各部隊が円陣を組み、車輪が回転するように入れかわり立ちかわり各部隊が攻めては退く「車懸かりの陣」や、鶴の翼のように両翼を前方に張り出し、「V」の形を取る「鶴翼《かくよく》の陣」などの陣形が知られている。これらは大規模な兵の配置隊形を意味し、実際には戦国の世が終焉を迎え、江戸時代に入ってから大成されたといわれる。

そもそも、兵はどのようにして集められたのか。戦国大名は配下の武将に軍役を課し、戦に従軍する兵や武器の数などを割り当てた。しかし、戦争になると、兵の武器や食料は、各自が自前で準備しなければならなかったため、戦争では「乱取り」と呼ばれる略奪行為が常態化し、それが兵の取り分(収入)として認められたのである。

武具に関しては華美壮麗なものも伝わって

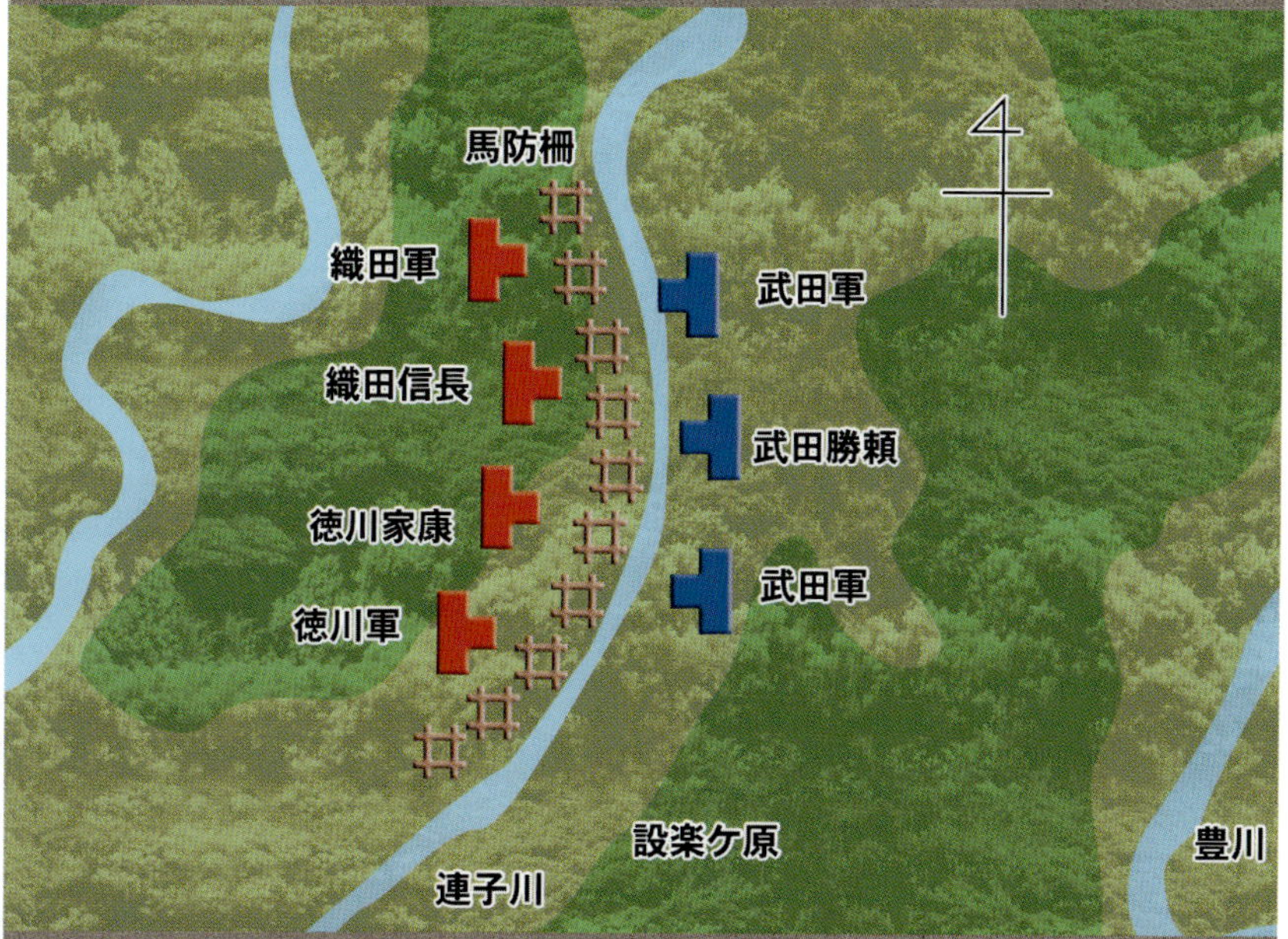

長篠の戦い

一五七五年五月二十一日

天正3(1575)年5月21日、将軍・足利義昭の招致により西上を志した武田勝頼は、三河国長篠城を包囲。織田信長・徳川家康連合軍と対決することとなった。この時、信長は3000挺もの鉄砲を準備すると、長篠城西方の設楽ケ原に馬防柵を築き、武田軍に備えた。武田軍の騎馬隊は次々と攻撃を仕掛けたが、織田軍鉄砲隊の三段構の一斉射撃により、多数の武将を失った。この三段構の一斉射撃を疑問視する説もあるが、急速に衰退した武田氏は、天正10(1582)年に滅亡した。

いるが、それは一部の戦国大名が身に着けるものであった。現場の足軽は陣笠に胴という質素なもので、その名の通り、軽快に動き回る必要があった。朝倉氏の家訓「朝倉孝景条々」では、値段の張る1本の名刀を持つよりも廉価な槍が100本あったほうがよいと説く。これは贅沢を禁じている側面もあるが、むしろ武器が消耗品として考えられていたからである。

そのなかで、戦術に革命的な転機をもたらしたのが、鉄砲である。武田勝頼と織田信長・徳川家康連合軍が対決した長篠の戦いでは、その威力が存分に発揮され、精鋭として知られた武田騎馬隊は鉄砲の前に敗れ去った。

しかし、現実の戦いでは、戦争以前の政治的な交渉が大きなウェイトを占めた。当時の武将には、「主君は1人だけ」という観念が基本的にない。よりよい条件(領地や身分など)を示されれば、主君を替えることを躊躇しなかった。それゆえに、戦闘中には寝返りが頻繁に見られた。関ヶ原の合戦はその典型であり、西軍・小早川秀秋の裏切りが東軍の勝利をもたらしている。合戦後、秀秋は恩賞を与えられた。

戦国大名は絶えず配下の武将に目を配る必要があり、ライバルとなる相手には、婚姻による家同士の強い結びつきを求めている。関ヶ原の合戦で豊臣方の西軍についた宇喜多秀家の妻は、豊臣秀吉の養女である。このように、戦国大名には、部下の管理能力や対外的な交渉能力が必要であった。「戦わずして勝つ」ことが本質であり、無用な消耗を避けるのが、有能な戦国大名の証しだったのである。

関ヶ原の戦い

一六〇〇年九月十五日

慶長5(1600)年9月15日、徳川家康率いる東軍と石田三成率いる西軍が、美濃国関ヶ原で雌雄を決した。両軍の勢力は、それぞれ約8万人とほぼ互角であったが、西軍には東軍に内応した武将が多く存在していた。当日の戦いは、家康の厳しい催促によって内応を約束していた小早川秀秋が突如として寝返り、同じ西軍の大谷吉継を攻撃。この結果、西軍は総崩れとなり、午後4時頃には東軍の勝利が確定することになる。この天下分け目の戦いにより、事実上、家康の覇権が確立した。

それぞれの主君を支えた、3人の天才軍師。

山本勘助 一四九三？～一五六一年？

川中島の合戦で大活躍、信玄に仕えた名参謀。

生没年などに諸説あり、幻の軍師といわれる。後世の『甲陽軍鑑』などでしかわからなかったが、2通の関連文書が発見され、実在が明らかになった。

若い頃から周防国の戦国大名・大内義隆に仕え、諸国を遍歴するなかで、兵法、築城法、戦法を会得。その名を天下に轟かせた。その風貌は、隻眼（片目）で全身に刀傷があり、足が不自由で指の数も揃っていなかった。やがて勘助は武田信玄に召し抱えられるが、築城法や諸国情勢に詳しいことから、破格の待遇で迎えられたという。

勘助の軍師としての能力の高さは、築城法にある。その築城法によ

竹中半兵衛 一五四四～一五七九年

秀吉の知恵袋となった、鋭い戦略眼の持ち主。

竹中氏は美濃国の戦国大名、斎藤氏の家臣で、清和源氏土岐氏の流れをくむ名族である。半兵衛は、永禄3（1560）年に父の死去により家督を継承した。『太閤記』などによると、その容貌は痩身で、女性のようであった。そのため、主君・斎藤龍興や家臣から侮られ、嘲弄されることがたびたびあった。しかし、龍興が酒色におぼれ、政務を顧みなかったため、半兵衛は居城の稲葉山城をわずかな手兵で、1日で乗っ取ったといわれている。あらかじめ武器を一室に搬入し、速やかに武装すると、一気に城を攻め落とした。この事件の後、斎藤家を去った半兵衛は、浅井長政に仕えた。

島 左近 一五四〇？～一六〇〇年？

石田三成が惚れ込んだ、勇猛果敢なブレーン

島氏は大和国の国人の家系を引く領主であった。当初、左近は大和国に進出した畠山高政に仕えたが、のちに筒井順慶の侍大将となる。左近は順慶とともに宿敵であった松永久秀を倒し、本能寺の変を乗り切って大和国統一を成し遂げたが、順慶の没後は家督を継承した定次と対立、筒井家を去った。

筒井家を辞した左近は豊臣秀長・秀保に仕えるが、その後、浪人となって近江国に移住する。この間、仕官への誘いが数多くあったと伝えられる。

左近に転機が訪れたのは、秀吉の有力家臣で近江国佐和山城主、石田三成との出会いである。左近は

って造られた城は、高遠城、小諸城などが知られている。しかし注目は、彼の戦法だ。天文15（1546）年の信濃国、村上義清との戦いで武田軍が総崩れ寸前の事態に陥った際、勘助は「破軍建返し」と呼ばれる縦横無尽な戦法により、武田軍を勝利へと導いた。

川中島の合戦では、軍勢を二手に分け、大規模な別働隊をひそかに妻女山の上杉軍へ接近させ、夜明けとともに攻撃。相手が驚いて山を降りたところを平地の本隊が別働隊と挟撃して殲滅する作戦を考えた。名付けて「啄木鳥戦法」。啄木鳥が木をつつき、驚いて飛び出した虫を食べるさまに似ているため、そう名付けられた。しかし、この作戦を事前に察知した上杉軍は、ひそかに妻女山を降り、八幡原に陣を敷いた。上杉軍の車懸かりの陣に対し、武田軍は鶴翼の陣で対抗するが、武田軍は形勢不利となる。勘助は献策の失敗に責任を痛感し、敵中に突入。壮烈な戦死を遂げた。

その後、織田信長が家臣にと申し出たが、これを拒否。半兵衛は豊臣秀吉の才能を見抜き、秀吉の家臣となった。

半兵衛の軍師としての能力は、諜報活動にある。信長と浅井長政が対立した際には、かつての人脈を活かして浅井方の家臣と通じ、情報収集で活躍。さらに、浅井方の家臣を織田方に寝返らせた。

戦略眼にも優れ、長篠の戦いでは、武田軍の陽動作戦を鋭く見抜いた。天正6（1578）年の三木合戦では、秀吉に兵糧攻めを進言。三木城の攻防は、壮絶なまでの兵糧戦となり、城中では壁土や馬そして人肉までをも食したという。三木城主の別所氏は、耐え切れずに降伏。この無血開城作戦は、のちの備中高松城の水攻めにも活かされることとなった。三木合戦の最中、半兵衛は病に伏し、秀吉から京都で養生するように申し出があった。しかし、半兵衛は「陣中で死ぬことは武士の本望」と、これを断ったという。

三成の願いを受け入れ、三成の領地の約半分を与えられるという破格の待遇で迎えられた。その時期は、天正11（1583）年という説が有力である。当時、「三成に過ぎたるものがある。それは軍師島左近と佐和山城だ」といわれた。しかし、島左近の戦術は、逸話を含めても、そう多く残っていない。

関ヶ原の合戦では、西軍の軍師として采配を振るったが、その作戦が宇喜多秀家や島津義弘らに拒否され、力量を十分に発揮できなかった。慶長5（1600）年9月15日、左近は田中吉政、黒田長政の兵と交戦し、徳川家康の本陣付近まで迫って黒田部隊を引き付け、柵際で討ち取る作戦をもくろんだが、乱戦の中で落命したとされる。その勇猛果敢な戦いぶりは黒田軍の諸将の記憶に刻まれ、合戦後も左近の幻影に悩まされ続けたとの逸話がある。没年には諸説あり、左近が関ヶ原を脱して京都に潜伏し、寛永9（1632）年に没したという見解もある。

戦に臨む決意のほどが、旗印にひるがえる。

旗印《はたしるし》は、行軍中や合戦中に自らの存在をアピールするための独自の標識として用いられた。戦いでは敵・味方の区別がつきにくくなるが、旗印があればそれがひと目でわかった。

旗印には単に家紋を用いただけのものもあるが、より個性的なデザインもたくさんあった。たとえば、文字を使用したもの。上杉謙信は、出家して毘沙門天《びしゃもんてん》を信仰していたことから、旗印に「毘」の文字を用いた。武田信玄は、兵法書『孫子』から「風林火山」のくだりをそのまま使用。塙直之は、自分の名前を旗に大書したので、味方としては間違えようがなかった。

銭をデザインしたものもある。織田信長は当時の貨幣「永樂通寶」を使用した。しかし、なんといっても有名なのは、真田幸村だ。幸村が「六文銭」を使用したのにはこんな由来がある。

死者を葬る際、棺桶に入れたのが六道銭。三途の川を渡る時、地獄、餓鬼、畜生、阿修羅、人間、天上の衆生（六道）を通るので、それぞれに渡り賃を持っていれば成仏できるという言い伝えがあった。幸村はこれを旗印とし、戦に臨む覚悟のほどを示したのだ。

実用性とともに武将の決意までもデザイン化した旗印。同時にそれは、ともに戦う家来たちをも団結させ、命をかけて一丸となって戦う意思の表れだったのである。

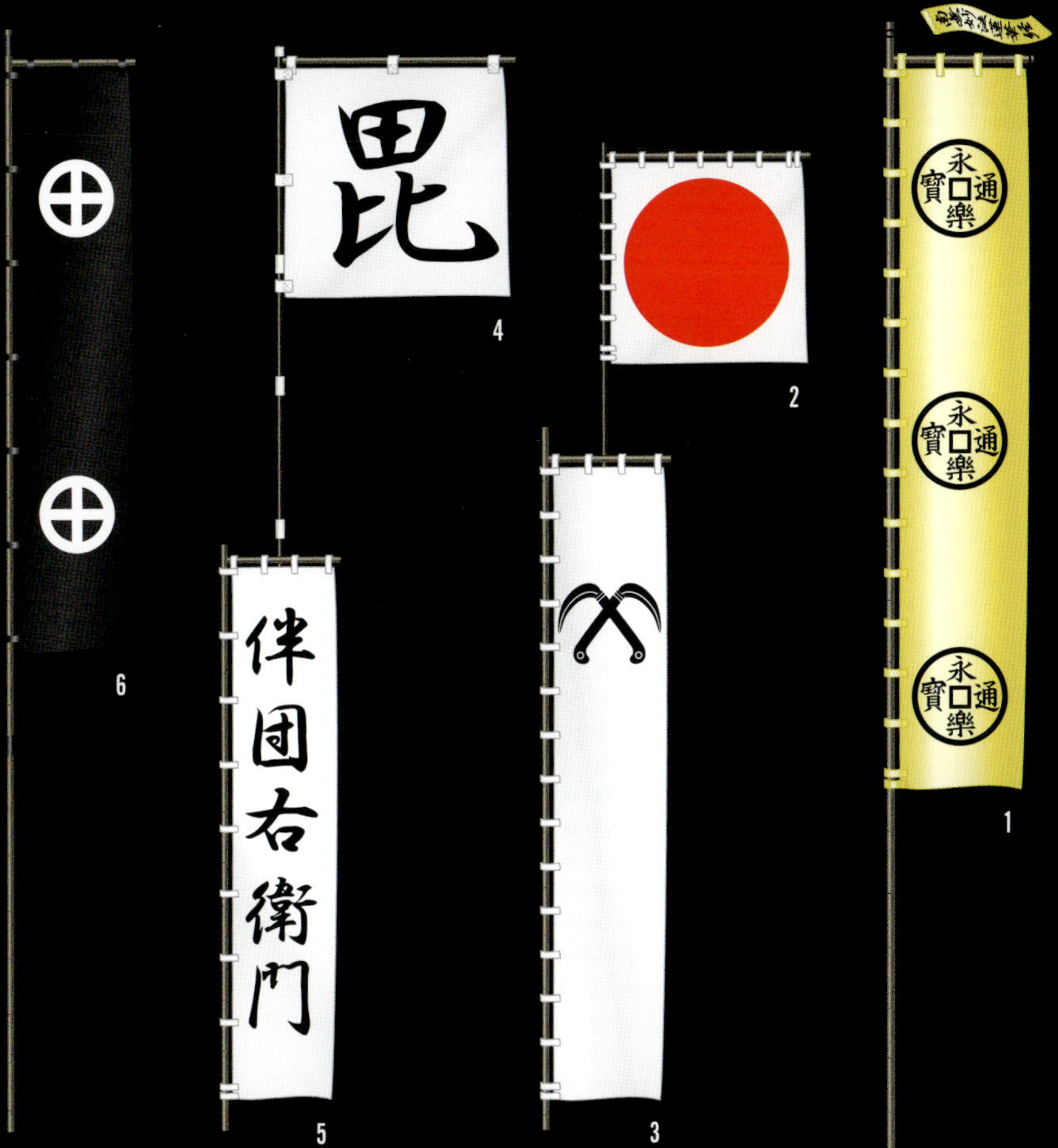

❹ **上杉謙信** Kenshin Uesugi

生涯、妻を娶らず、独身を通した上杉謙信は、毘沙門天を深く信仰し「毘」の文字を旗印とした。毘沙門天は武神として伝わり、七福神の1人でもある。

❺ **塙 直之** Naoyuki Ban

豊臣方の猛将、塙直之は、自分の通称を旗印に用いた。このような例はほかになく、自らの奮戦ぶりを強烈にアピールしたかったためと目されている。

❻ **島津家久** Iehisa Shimazu

「丸に十字」の島津家の家紋をあしらったもの。黒地の旗印は“レアもの”だった。薩摩の名門、島津家は最後まで秀吉に抵抗し、滅亡寸前まで追い詰められた。

❶ **織田信長** Nobunaga Oda

市場の力を常に意識していた信長は、当時、明から輸入され広く使われていた永楽通寳を旗印に使用した。刀の鍔にも永楽通寳をデザインしたとされる。

❷ **清水宗治** Muneharu Shimizu

備中高松城で秀吉の水攻めに遭った清水宗治は、日の丸を旗印として果敢に戦った。しかし、善戦むなしくついに降伏。いさぎよく切腹して果てている。

❸ **小早川秀秋** Hideaki Kobayakawa

家紋とは異なり、珍しい鎌のデザインを使用。草を刈ることから転じて、敵を刈ることをイメージしている。小早川秀秋は関ヶ原の合戦で東軍勝利の立役者に。

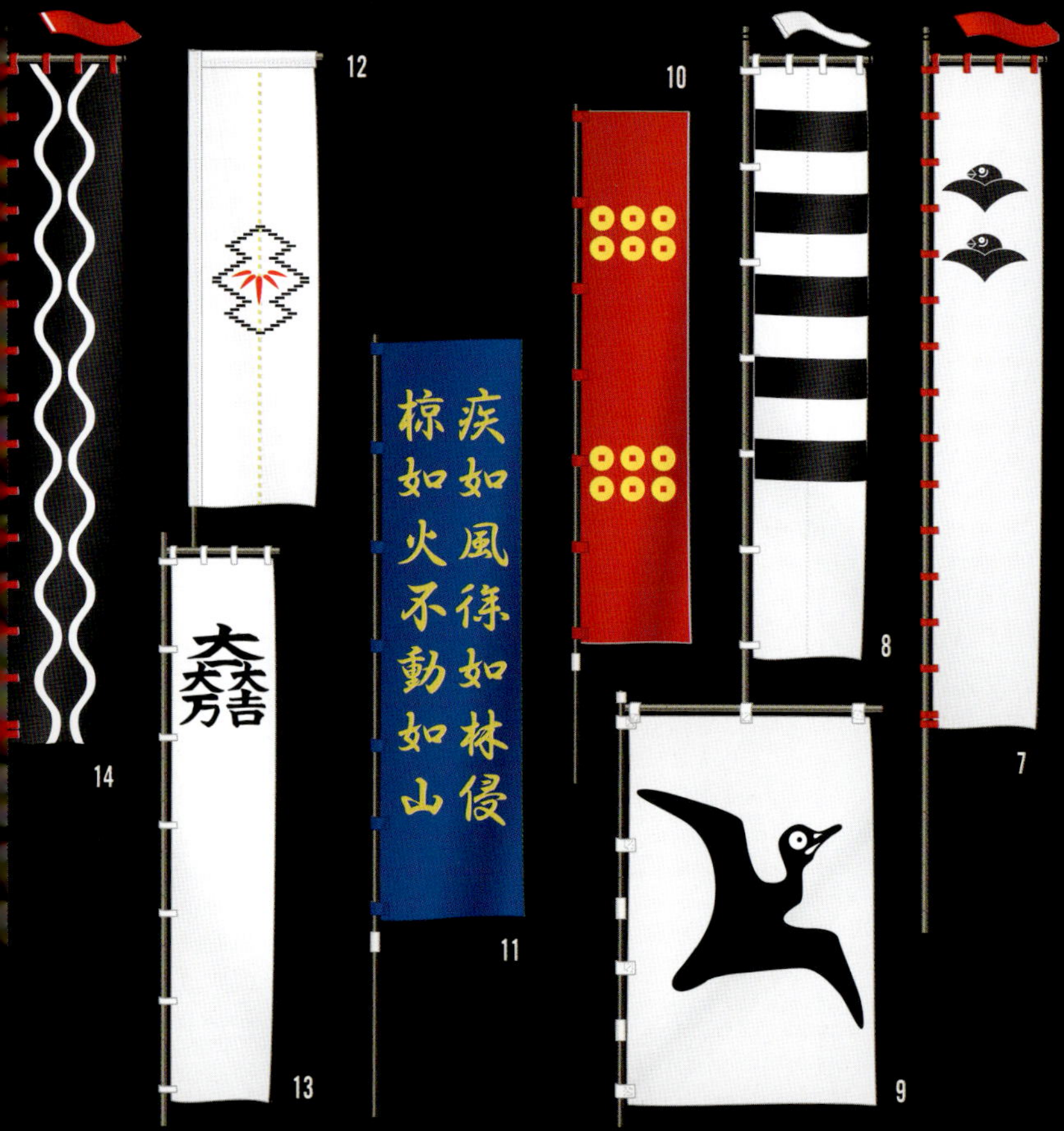

3 石田三成 Mitsunari Ishida

大一大万大吉」の旗印は、万民の幸福を
願う心のこもったものだ。関ヶ原の合戦
で、豊臣家の繁栄を願った石田三成はこ
の旗印を掲げ、西軍を率いた。

4 福島正則 Masanori Fukushima

関ヶ原の合戦で東軍を勝利に導いた福島
正則の軍旗がこれ。家紋とはガラリと違
い、「黒地に山道」という、黒に波打つ白
線をデザインした流麗なイメージだ。

5 徳川家康 Ieyasu Tokugawa

徳川家のみが使用した葵の紋の旗印は、
関ヶ原の合戦における東軍のシンボルだ
った。大坂の陣でも勝利を収めた家康は
ついに天下を取り、江戸の世が始まる。

10 真田幸村 Yukimura Sanada

豊臣秀頼のために命がけで戦った真田幸村は常に死を覚悟し、三途の川の渡し賃を意味する六文銭を旗印とした。その決意通り、大坂の陣で壮烈な戦死を遂げる。

11 武田信玄 Shingen Takeda

武田信玄の「風林火山」の旗印ほど有名なものはないだろう。信玄はほかにも家紋の入ったものなど多くの軍旗をもち、年を追って変えていったといわれる。

12 丹羽長秀 Nagahide Niwa

カラフルかつグラフィックな旗印。丹羽家の家紋のひとつであった笹紋をアレンジしたとされる。息子・長重のものと混同されることが多い。

7 柴田勝家 Katsuie Shibata

猛将、柴田勝家は「二つ雁金」という家紋を旗印に使っている。上部の雁のみ開口している意匠らしいが『見聞諸家紋』などにある古式の家紋では見当たらない。

8 池田輝政 Terumasa Ikeda

白地の布に、黒い等間隔のストライプ模様が斬新。関ヶ原の合戦で軍功のあった池田輝政は、のちに世界遺産にも指定された姫路城の初代の主となった。

9 直江兼続 Kanetsugu Naoe

鳥の飛び立つ様子を模した、ユニークな旗印。このほか「赤地に三つ山」などもあるが、正しい色や由来は明らかではない。「愛」の前立とともに非常に個性的。

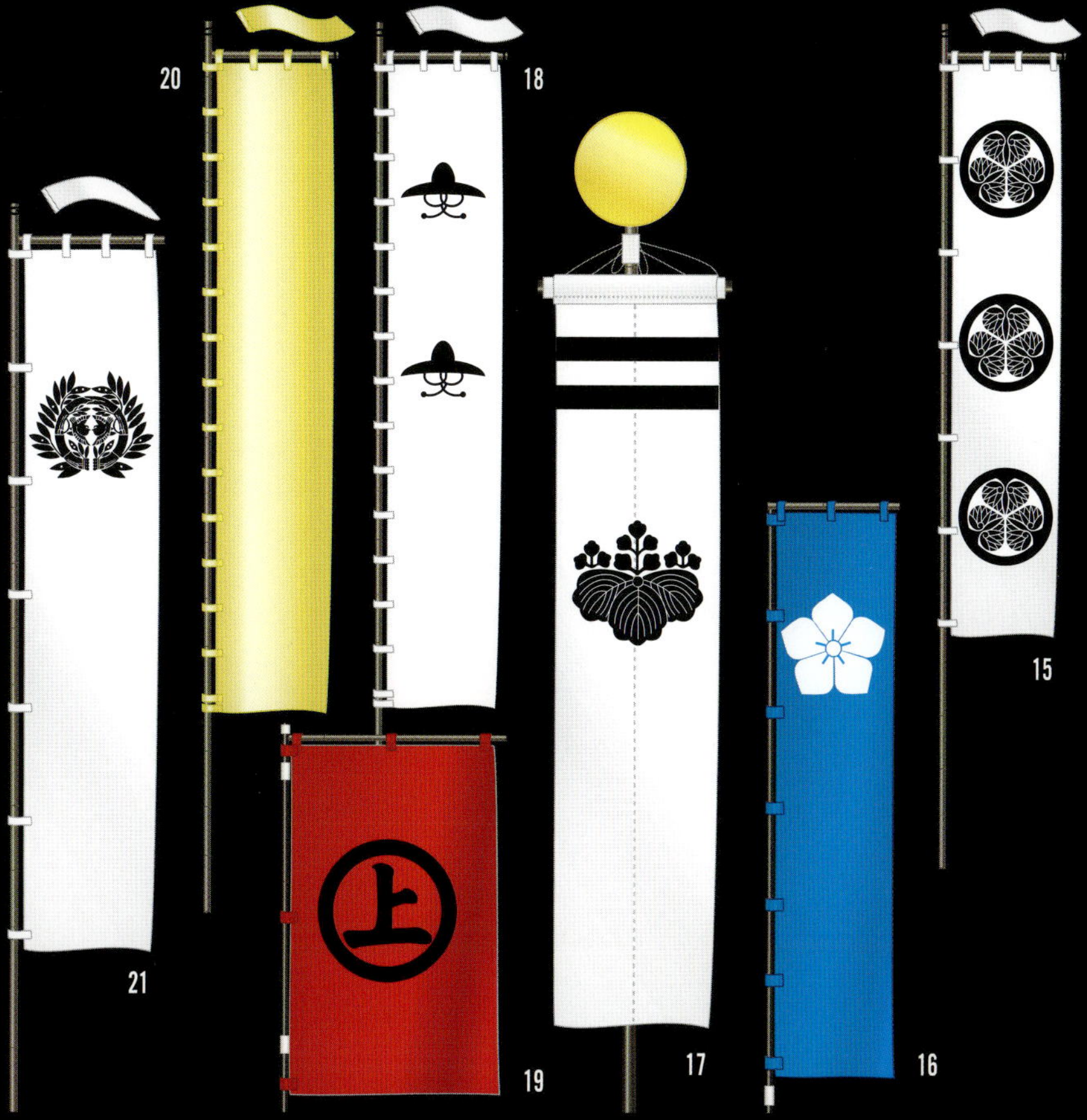

⑲ 村上武吉 Takeyoshi Murakami

赤地に自家の家紋をあしらったもの。地色は赤のほか白もあったという説もあるが、水軍ゆえに、海の上では映える赤を使ったのでは、という説が有力である。

⑳ 豊臣秀吉 Hideyoshi Toyotomi

茶室や瓦にも黄金を用いた秀吉は、やはり旗印でも黄金にこだわった。羽柴秀吉時代には、千成瓢箪の図柄を、大将の居所を示す馬印に用いていたとされる。

㉑ 伊達政宗 Masamune Date

「竹に雀」という自家の家紋を旗印に用いた伊達政宗は、まず南奥州の統一に成功した。関ヶ原の合戦では上杉景勝を牽制し、東軍の勝利に大きく貢献している。

⑯ 明智光秀 Mitsuhide Akechi

青地に桔梗をあしらったもの。明智光秀の出自である土岐氏が桔梗を兜に挿して戦に勝利を収めたことから家紋へ、そして旗印に使用したといわれている。

⑰ 今川義元 Yoshimoto Imagawa

今川義元は「丸に二つ引両」の家紋と「五三桐」の描かれた旗印を用いた。上洛を目指した義元だが、わずかな手兵の信長に桶狭間で惨敗、討ち取られている。

⑱ 大野治長 Harunaga Ohno

笠をふたつ並べたような変わったデザイン。大野治長は秀吉に仕え、その死後は秀頼の側近に。家康暗殺を画策するが失敗。大坂の陣で、秀頼、淀君と自刃した。

名言から読み取る、戦国武将の真実《リアル》。参

戦いは五分の勝ちをもって上となし、七分を中とし、十を下とす。

武田信玄『甲陽軍鑑』

武田信玄が徹底的に学んだ中国の『孫子』の兵法の理想は、「戦わずして勝つ」ことだった。だから敵を叩き潰すのではなく、養子縁組や家臣化を図り、相手の生存をも保証する外交戦を旨とした。戦勝は五分がいちばんと言うのは、次への励みになるからだ。七分勝つと怠りを生み、完全に勝つと慢心して、大敗する下地となる。信玄は「戦いは40歳以前は勝つように、40歳からは負けないようにすることだ」とも言っている。

戦いは兵が多いか少ないかで決まるのではなく、ひとつにまとまっているかどうかである。

立花宗茂『名将言行録』

この言葉は歴戦の勇士を父にもち、「西国無双」と呼ばれた立花宗茂ならではのもの。実の父、高橋紹運（じょううん）も養父の立花道雪も、少ない兵力で戦い、衰退する大友氏のために命を投げ出した。宗茂は朝鮮出兵時の戦いで巨大な明軍に勝利し、華々しい武功を立てた。宗茂は言う。「道雪以来、われらは少人数でたびたび勝利した。これは兵の和による故だ」。そして、その和の基本は常日頃の信頼にあるとした。

われ、天下を競望《けいぼう》せず。

毛利元就『吉川文書』

「天下を取るために競争しようとは思わない」。毛利元就は75年の人生で、二百数十回も戦いを経験した。69歳だった永禄9（1566）年には宿敵の尼子氏を破り、中国地方10カ国を制した。当時、都に旗を掲げる夢を抱いていた武田信玄は46歳、上杉謙信は37歳。信長は33歳で美濃に進出する機会を狙っていた。元就は天下を狙える位置にあったが、彼は自らの慢心を戒め、これ以上のものを望むべきではないとした。

予は吝《りん》ゆえに麦飯を食べるのではない。

徳川家康『武将感状記』

「いまは戦国の時であり、兵役の動かぬ年はない。士卒は心身を休める暇がなく、衣食も不自由がちなのに、なぜ予一人が贅沢できよう」と続く。主君としての徳川家康の基本姿勢だ。家康は常に質素倹約を奨励した。倹約をして、軍用費に回すべきだと主張している。「平氏を亡ぼす者は平氏なり、鎌倉を亡ぼすものは鎌倉なり」と言い、権力をもつと度を越えた贅沢をして身を滅ぼす、と奢侈の弊害を戒めた。

大悪日だから出陣するのだ。

福島正則『武将感状記』

秀吉子飼いの武将・福島正則が、上杉討伐に向かった家康の後を追って、尾張国清洲城を出発しようと決めた日を占うと「大悪日」と出た。そこで家臣たちは出発を止めたが、彼は、「われの本意は二度とここに帰らないことにある」と言って、武功を立てて所領をもらうか、さもなければ戦死するまでだとして出発した。勝たねばならない戦いに、日が悪いとか方向がよくないといって攻めないのは、愚将のすることだ。

栄華をいまに伝える、
権力者たちの夢の跡。

もっと知りたい 戦国武将

天空にそびえる、わずか12の現存天守。

古今東西の権力者は、巨大建造物を築くことにより、おのれの力を誇示しようとした。

戦国の乱世を生き残り、一国一城の主の座をつかんだ者たちは、大坂城や江戸城など天下人の城ほどの規模ではないにしても、壮大な天守を築くことを自身の野望や夢の終着点とした。慶長5（1600）年の関ヶ原の合戦から慶長20年の大坂冬の陣が終幕を迎える頃にかけて、全国の天守が続々と建設された。

天守は、城主がそれぞれの持ち味を発揮する、美学の結晶だった。犬山城、松本城、丸岡城のそれぞれの天守は、各層の木張りの塀が印象的で、武骨かつ古風なイメージが演出されている。3城の天守は、いずれも建設年代が確定されておらず、どれも日本最古の天守という説が唱えられている。

現在の犬山城の天守は、木曽川の上流にあった兼山城が廃城になり、解体された建築資材が舟運を利用して移送され、築かれたものともいう。彦根城の現存する天守も、大津城から移築されたと伝えられる。かつて日本人は天守さえもリサイクルしていたのだ。

明治維新後、城が無用の長物と化すと、天守をはじめ城内の建物は続々と取り壊された。また、広島城や名古屋城などの天守は、惜しくも戦災で失われた。現在、日本に残された封建時代当時の姿をとどめる「現存天守」はわずか12に過ぎない。それ以外の天守はすべて、昭和初期から現代までに再建されたものだ。近年ではオリジナルに忠実に木造で再

木曽川から見た犬山城。木曽川側は急峻な崖で、流れ込む沢も堀の役割を果たしている。

現しようという動きも盛んだが、過去にはコンクリートで造られたものも多い。

現存する天守は、姫路城や松本城の5層から備中松山城の2層まで、大きさも形状もさまざま。だがどの城からも、それを築いた武将たちの夢と思いが伝わってくるのだ。

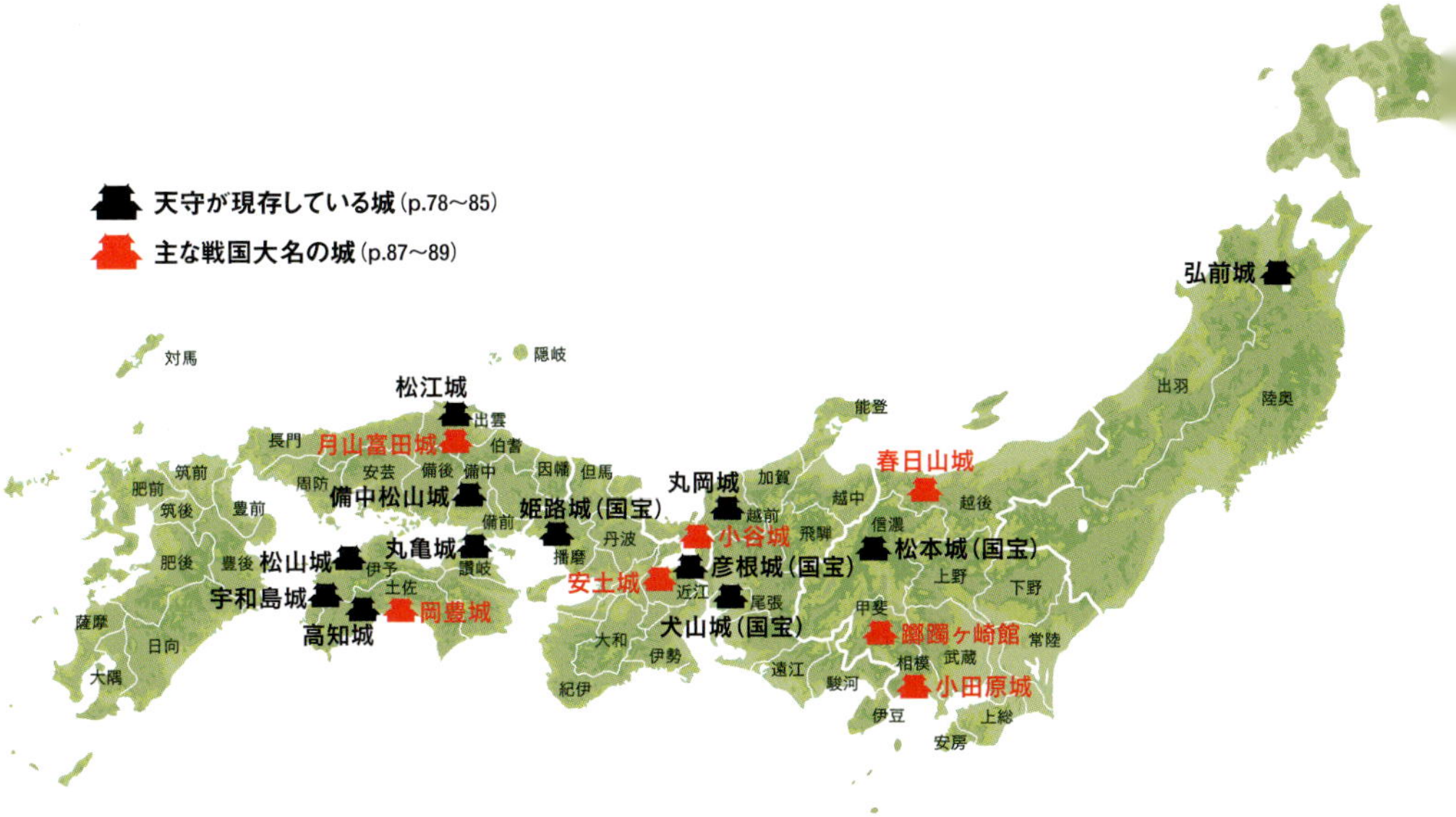

犬山城（国宝）

信長・秀吉が攻略した、悲運の名城。

3度の落城に見舞われた悲運の名城。天文6（1537）年、信長の叔父・織田信康によって築かれたが、同じ織田一族の信長による攻撃を受けて陥落。小牧・長久手の戦いでは家康と同盟を結んだ織田信雄方の拠点だったことから、羽柴方の攻撃を受けて陥落。関ヶ原の合戦では城主の石川氏が西軍に属したため、東軍によって攻略された。

旧犬山城主の成瀬家は、天守を個人として所持していたが、2004年、財団法人「犬山城白帝文庫」に所有権が移管された。

天守の屋根に配置された、桃の形をした飾り瓦には魔除けの意味が。桃の瓦はほかの城や仏閣でも見られる。

愛知県犬山市犬山北古券65-2
☎0568・61・1711
㈷9時～17時
㈶¥500
㈬12/29～12/31

姫路城（国宝）

世界遺産・白鷺城の、美しさの秘密。

１９９３年に世界遺産にも登録された名城のなかの名城。戦国時代の姫路城は、小高い丘に築かれた砦程度の城だった。だが、家康の娘婿にあたる池田輝政は、関ヶ原の合戦後、姫路城主に栄転すると、５層の天守とそれを取り巻く３層の小天守３棟を築いた。

漆喰が施された白壁は、「白鷺城」という別名にふさわしい美しさ。一方、漆喰には耐火性を高める効果があった。姫路城は、敵の攻撃を跳ね返すために工夫された究極の機能美により、見る者を圧倒し続ける。

写真提供：姫路市

石垣は姫路城の知られざる魅力のひとつ。「扇の勾配」と称される独特な曲線により、堅牢さが保たれている。

● 兵庫県姫路市本町68
☎079・285・1146
㊍9時～17時（9/1～4/24）
9時～18時（4/25～8/31）
㊊¥600　㊡12/29～12/30

松本城（国宝）

ふたつの謎を抱える、石川数正の城。

かつては「深志城」と称され、武田氏の信濃支配の拠点だった。現代に伝えられる5層の天守が築かれたのは、石川数正・慶長父子が城主だった文禄年間だとされる。数正は、家康の右腕でありながら、主君を裏切って秀吉の家臣になった、という特異な経歴をもつ。小牧・長久手の戦いの後のことだ。

なぜ数正は家康を裏切り、またなぜ巨大な天守を信州松本の地に築いたのか。松本城の天守を見上げながら、このふたつの謎に挑むのもまた、城めぐりの醍醐味だ。

1999年完成の太鼓門内部。往事の工法とともに木材と漆喰が使用され、築城当時の姿を再現。

●長野県松本市丸の内4-1
☎0263・32・2902
㊒8時30分～17時
（GW・夏季は8時30分～18時）
㊘¥600　㊡12/29～1/3

彦根城（国宝）

様式美に満ちた、井伊家の本拠。

彦根城は、石田三成が築いた佐和山城を廃し、譜代大名筆頭の井伊家の本拠として築かれた。家康は、関ヶ原の合戦に勝利したのち、琵琶湖岸の要衝の地に彦根城を築かせ、来るべき豊臣家との決戦に備えたのだ。

天守の屋根にはさまざまな形状と色彩の破風（三角や半円の小型の屋根）が組み合わされ、独特の様式美を醸し出している。天守以外にも往時の姿を伝える櫓や城門が残され、石垣と濠とのコラボレーションもまた、彦根城の見どころだ。

西の丸三重櫓。伝承によると、浅井家滅亡の舞台となった小谷城の天守を移築したともいう。

滋賀県彦根市金亀町1-1
☎0749・22・2742
㊐8時30分～17時
㊕￥600

丸岡城

上品なミニ天守に、銅の鯱が鎮座する。

2層のミニ天守が残る丸岡城は、闘将・柴田勝家の甥にあたる柴田勝豊によって天正4(1576)年に築かれた。1948年には福井地震で倒壊したが、復旧工事によってありし日の姿を取り戻した。屋根に設置された銅版張りの鯱は、戦時中の金属供出によっていったんは石製となったが、復旧工事の完了とともに銅版となって復活した。

● 福井県坂井市丸岡町霞町1-59
☎0776・66・0303
㊐8時30分～17時
㊕¥300

松山城

名築城家が目指した、四国一の堅城。

松山城は、戦国乱世をしぶとく生き抜いた加藤嘉明によって築かれた。名築城家としても名高い嘉明は、松山城を四国一の堅城とするため、壮大な5層の天守を建設。だが、加藤家転封後、松山城主となった松平家は、安全性を優先して5層を3層に改めた。のちに落雷によって焼失、安政元(1854)年に再建された天守が現在に伝えられる。

● 愛媛県松山市丸の内1
☎089・921・4873
㊐9時～17時
(2月～7月、9月～11月)
9時～17時30分(8月)
9時～16時30分(12月～1月)
㊕¥500 ㊡12/29

備中松山城

12城で最小の天守は、籠城時の備えもOK！

現存する天守建築の中では、最も高い標高に位置する。12城で最小の天守は、関東出身の外様大名、水谷氏の時代に築かれた。多くの天守が内部での生活を想定せず、倉庫に等しい殺風景な造りであるのに対し、ここの天守には城主の家族が籠城時に生活するための畳敷きのスペースが用意され、大きな相違を生んでいる。

岡山県高梁市内山下1
☎0866・22・1487
㋴9時～17時30分（4月～9月）
9時～16時30分（10月～3月）
㊊¥300　㊡12/28～1/4

宇和島城

高虎初期の代表作が、伊達の天守と融合。

名築城家として一世を風靡した、藤堂高虎の初期の代表作。ただし、現在の天守は、宇和島伊達家によって建設された。宇和島伊達家は、独眼竜政宗の長男として生まれながらも、故郷から遠く離れた伊予の地に領地を与えられた伊達秀宗を始祖とする。天守の姿からは、構造物としての機能美よりも、格調の高さや優美さが感じられる。

愛媛県宇和島市丸之内1
☎0895・22・2832
㋴（天守閣）9時～16時
㊊¥200

松江城

神々の国に造られた、モノトーンの個性派。

松江城は関ヶ原の合戦後、東軍に属した功績で出雲一国を与えられた堀尾氏によって建設された。天守は塀や瓦の黒を基調とし、漆喰の白をワンポイントとする印象的なデザインで構成される。同時期に造られた天守には、瓦屋根に青、破風に金を配するなど色彩豊かなものも存在したが、松江城はシックな色調で固められ、個性的だ。

●島根県松江市殿町1-5
☎0852・21・4030
㉄（天守閣）
8時30分～18時30分（4月～9月）
8時30分～17時（10月～3月）
㉌¥550

丸亀城

船乗りが頼りにした、瀬戸内の“灯台”。

通常の天守は、前後左右4面の外観が共通する。だがこの丸亀城は、前面とほかの3面が異なる個性的な外観をもつ。天守は瀬戸内海を航行する船にとって、灯台の役割も果たしており、海から見える前面だけに多くの破風が配されたからだ。知られざる名築城家、山崎氏によって築かれた堅固な石垣もまた、見どころとなっている。

●香川県丸亀市一番丁
☎0877・24・8816
㉄（天守閣）9時～16時30分
㉌¥200
㉁（天守閣）12/25～12/31

©KOICHI KUMAGAYA/SEBUN PHOTO/amanaimages

弘前城

隣の藩と張り合い、5層にした挙句……。

桜の名所として名高い弘前城には、かつて5層の天守がそびえていた。城主の津軽氏は、隣接する南部藩と江戸時代を通じて対立していたため、10万石の大名には不相応な巨大天守を築くことで抑止効果を期待したのだ。ところが、完成から十数年後に落雷によって天守は焼失。再建費用を捻出できずに、三重櫓を改装して代用した。

●青森県弘前市大字下白銀町1
☎0172・33・8739
㊐9時～17時
(4/23～5/5は7時～21時)
㊕¥300
㊡11/24～3/31

高知城

かのおしどり夫婦の、功名のシンボル

高知城の天守は、山内一豊が妻・千代との二人三脚で勝ち得た功名のシンボルとして築かれた。優雅さと機能性を兼ね備える天守は、高知城と城下町を焼き尽くした享保の大火で失われたが、寛延2(1749)年に再建された。城下の各所から均整の取れた天守の威容を望むことができ、城主の威厳を誇示するという役割を再認識できる。

●高知市丸ノ内1-2-1
☎088・824・5701
㊐9時～17時
㊕¥400
㊡12/26～1/1

覇者たちの土の城に、思いを馳せる旅へ。

戦国時代の「城」は、空堀を掘って土塁を盛り上げることによって形成され、文字通り、「土」から「成」っていた。石垣も天守もない小規模な城は、「一村一城」あったと評しても過言ではなく、戦国時代の日本には、数万単位の土の城が存在。戦乱の時代において、人々は安全を求めるため、土を掘り返して城を築いたのだ。戦国大名は、自身の本拠に城を築く一方、敵対する勢力の城を奪い取るという陣取り合戦を繰り返した。

戦国大名にとっての城は、敵の侵入を防ぐ空間であるとともに、自身の権威を示す場でもあった。北条・上杉・武田・毛利・長宗我部をはじめ、日本各地に割拠する覇者たちは、それぞれの築城技術により、「土の城」を巨大化させていった。

そんななか、織田信長は、対立する戦国大名たちを力で圧倒し、天下布武へと邁進するさなかの天正4（1576）年から、琵琶湖のほとり安土の地に巨大天主（安土城には「天主」の文字が使用される）を建設。信長自慢の安土城天主は、金・赤・青などの極彩色によってデザインされ、城主の偉大さと風格をビジュアルとして表現していた。

安土城は、それまでの「土の城」から「石垣の城」へと飛躍的に進化し、城郭史のみならず、日本の建築史のうえでもエポック・メーキング的な役割を果たしている。

戦後の城には、防御の要であるとともに、政治経済の中心地としての役割も期待された。城の築き方により、戦国大名は、総合的な戦略センスまでもが問われたのだ。

安土城

安土城遠望

現在、山頂にそびえていた5層の天主はなく、城跡は自然の風景にとけこんでいる。

安土城石垣

安土築城には、穴太(あのう)衆と称される特殊技術者が動員され、堅牢な石垣が積み上げられた。

天下布武へ邁進した、信長の夢の跡。

信長は、天下統一を目前としながらも、本能寺の変により非業の最期を遂げた。山崎の戦いの後、明智方の放火によって、安土城の天主や本丸御殿は紅蓮の炎に包まれ、完成から3年もたたずして地上から姿を消す。現在、安土城では発掘調査が続けられ、御所に類似した本丸御殿の形状が判明するなど、謎多き全容が徐々に解明されつつある。

安土城天主信長の館
●滋賀県蒲生郡安土町桑実寺800
☎0748･46･6512

もっと知りたい戦国武将

©内藤昌復元

安土城天主の上層部

金箔10万枚と漆150kgを使用して原寸大で推定復元。安土城天主信長の館で屋内展示されている。

「千貫門」周辺に残る土塁。壮大な土塁の遺構から戦国乱世の息吹が感じとれる。

春日山城跡ものがたり館
●上越市大豆334
☎025・544・3728

春日山城

「義将」謙信が本拠とした、巨大山城。

春日山城は、上杉憲顕によって南北朝時代に築かれたと伝えられる。長尾為景（上杉謙信の父）は、越後統治の実権を主君の上杉氏から奪い取りながら、春日山城もまた自身の掌中とし、戦国大名へと成り上がった。

その子・謙信は、宿敵の武田信玄との決戦に挑んだ川中島の合戦をはじめ、春日山城から関東や北陸へ出陣、武名を天下に轟かせた。この頃、春日山城は戦国時代有数の山城として強化されている。

謙信の死後、甥の景勝は、素早く春日山城を手中に収めることにより、ライバル景虎よりも優位に立ち、後継者争いに勝利。この城は、2009年放映の大河ドラマ『天地人』の舞台ともなった。

小峯の大堀切。自然の渓谷を思わせるほど雄大であり、深さは10mにもおよぶ。

●神奈川県小田原市城内6-1
☎0465・23・1373
㊐ 9時～17時
（6月～8月の土日祝は9時～18時）
㊕¥400　㊡12月第2水曜、12/31～1/1

小田原城

進化と巨大化を続けた、北条5代の牙城。

小田原城は、伝承によると平安時代末期に築かれ、戦国時代には大森氏が城主の任にあった。だが明応4（1495）年、北条早雲による攻撃を受け陥落して以来、北条5代（早雲・氏綱・氏康・氏政・氏直）の本拠となる。なかでも、3代氏康は、並みいる強豪と死闘を繰り広げた。上杉謙信が攻め寄せ、武田信玄が城下まで進軍した時も、小田原城は難攻不落の要塞としての実力を発揮し、敵を撃退することに成功している。

天正18（1590）年、秀吉が率いた二十数万の軍勢の攻撃にも耐えたものの、孤立無援となり、氏政・氏直父子は降伏。北条氏は滅亡の時を迎えた。現在の天守は、1960年に再建されたものである。

本丸に伝わる土塁と濠。武田流築城術の結晶ともいうべき遺構が累々と残される。

武田神社宝物殿
●山梨県甲府市古府中町2611
☎055・252・2609

躑躅ヶ崎館

名将・武田信玄の、飛躍を支えた要衝。

躑躅ヶ崎（つつじがさき）館は、永正16（1519）年に武田信虎によって築かれた。信虎は敵対勢力を力で圧倒し、甲斐国を統一。のちに子の信玄（晴信）によって追放されるが、信虎によって戦国大名・武田氏の基礎は固められた。

信玄は、「人は石垣、人は城」といい、堅固な城を築くことよりも人の和を大切にしたとされる。そのような視点からみると、濠と土塁だけの貧弱な城に思えるかもしれない。だが、躑躅ヶ崎館は、戦国時代の居館のなかでは全国屈指の規模。信玄が築城を軽視することはなかった。

躑躅ヶ崎館は、武田氏の滅亡後も利用されたが、文禄2（1593）年の甲府築城ともに廃城となっている。

小谷城

小谷山方面より望む小谷城全景。信長も攻めあぐんだ堅城としての姿がしのばれる。

小谷城戦国歴史資料館
●滋賀県長浜市小谷群上町139
☎0749・78・2320

浅井3姉妹がここで、少女時代を過ごした。

小谷城は、大永3（1523）年、浅井3代の初代亮政が戦国大名として成り上がりつつある頃、築城された。その後、2代久政を経て3代長政の時代に浅井氏は最盛期を迎える。

長政は、信長の妹にあたるお市を妻に迎える一方、主君に等しい朝倉家との関係を断絶できず、義兄である信長と敵対。結果、小谷城を舞台にして3年にもわたって熾烈な攻防戦が繰り広げられた。

天正元（1573）年、小谷城は織田勢の猛攻を受けて陥落。長政は自害を遂げると、妻のお市と3人の娘を信長に託した。浅井3姉妹のうち、3女の江は、のちに江戸幕府2代将軍の徳川秀忠に嫁ぎ、3代将軍・家光の母となるという波瀾の生涯を送る。

月山富田城

千畳敷石垣。城内では発掘調査とともに整備が進められ、往時の姿が取り戻されつつある。

安来市立歴史資料館
●島根県安来市広瀬町町帳752
☎0854・32・2767

尼子氏の栄枯盛衰を語る、山陰の名城。

月山富田（がっさんとだ）城は、戦国時代を代表する巨大山城として名高い。その歴史は平安時代末期にまで遡るが、巨城へと進化したのは、尼子3代（経久・晴久・義久）の時代である。経久が出雲国の守護の京極氏を打倒し、最盛時には11カ国を支配したと伝えられるほどの戦国大名になるとともに、この城は、山陰の覇者の本拠にふさわしい威容を整えていった。

だが、永禄9（1566）年、毛利元就による兵糧攻めを受け、義久は降伏を決意。月山富田城陥落により、尼子氏は事実上滅亡した。その後、吉川氏や堀尾氏が城主となったが、関ヶ原の合戦後、松江城が築かれるのにともなって廃城となった。

岡豊城

本丸周辺の土塁。城内には「戦国の土の城」特有の土塁や空堀が良好な状態で残っている。

高知県立歴史民俗資料館
●高知県南国市岡豊町八幡1099-1
☎088・862・2211

長宗我部元親を、四国の覇者へと育んだ古城。

岡豊（おこう）城は、高知平野と北側の山地との境目にある岡豊山に築かれ、南を流れる国分川を天然の外堀とする。築城年代は不明ではあるが、16世紀初頭、長宗我部氏が戦国大名として成長する頃、土佐中部を統治する要衝として強化されている。

岡豊城主の長宗我部元親は、少年時代には「姫若子（ひめわこ）」と称され、まるで姫様のような容貌だったとも伝えられる。だが、23歳で初陣を飾って以来、国内の強敵を倒し、土佐統一を達成。以後、岡豊城は元親が四国制覇の野望を成し遂げるための本拠地として、重要な役割を果たす。だが、浦戸城が築かれるとともにその役割を終え、関ヶ原の合戦後、廃城となった。

信長や秀吉の愛した絵師《クリエイター》、狩野派の輝き。

戦国時代、「狩野派」という前代未聞の華麗なるクリエイティブ集団がいた。彼らは15世紀、室町時代の8代将軍・足利義政のための絵画制作に始まり、戦国時代を平定しようとした織田信長や彼を継いだ豊臣秀吉の庇護のもと、流派を率いて活動。江戸時代には幕府の御用絵師集団となり、19世紀、明治時代に至るまで画壇の中心にいた。

ひるがえって、室町初期の南北朝時代を舞台とした『太平記』には、絵画などを鑑賞する場として「会所」という空間が寝殿造の中にあったと書かれている。それは屏風絵や書、花瓶、香炉など美しく価値ある「美術」を飾った空間だった。そこでは「唐物《からもの》」という中国渡来の美術品が、価値の基準だった。それは単に「美術」を鑑賞するだけの空間ではなく、武士たちが収

『虎図』狩野永徳

老松と虎の構図が絶妙。永徳が、大徳寺聚光院(じゅこういん)方丈に障壁画『四季花鳥図襖』(国宝)を描く前の貴重な作品。「三井寺旧日光院客殿障壁画」より。

所蔵:原六郎コレクション(ハラ ミュージアム アーク)

『唐獅子図屏風』
狩野永徳

誰もが一度は目にしたことがある名作。永徳のダイナミックな様式と色彩感覚など、その特徴を端的に表している。金地の岩場を背景にして、悠然と歩く雌雄の唐獅子の存在感が圧巻だ。

所蔵:宮内庁三の丸尚蔵館

集した価値ある「美術」を見せ、権力と「美の力」を見せる場所でもあったのだ。

当時、掛軸は唐物だったが、襖絵などは日本人画家が描いた擬似唐物だった。銀閣寺を建てた足利義政は、東山殿の襖絵を狩野派の初代・狩野正信（１４３４〜１５３０年）に頼んでいる。正信は、義政と正室である日野富子との息子で若死にした9代将軍・義尚の肖像画を、伝統ある「土佐派」の絵師たちを押しのけて描いた。

正信を継いだ2代・狩野元信（１４７６〜１５５９年）は、中国画家の様式を元にしながら擬似唐物から離れた独自の様式を確立した人物といわれている。大和絵的絵画の典型ともいえる絵巻や金碧画《きんぺきが》も手がけた元信は、和漢の融合を図った画家だったのである。

元信は将軍家だけでなく、御所や公家、寺社などで、自由に絵画の制作を行った。また彼は扇屋としても活動していて、一族や多くの弟子たちを率い、共同制作で作業をしていたよう

『洛外名所遊楽図屏風』

狩野永徳

近年、発見された永徳の作品である。右側は、嵯峨の釈迦堂こと清涼寺から天竜寺を挟んで紅葉の名所・嵐山の渡月橋へ。左側には宇治橋を渡った左手が平等院、奥に進んで鳳凰堂と満開の桜を描いた。

個人蔵

だ。つまり、元信を中心とした工房の共同作業で、狩野派の絵画が制作されていたのである。それは、ヨーロッパ中世のギルドを思わせる制作スタイルだ。

その方向性を強力に推し進め、唐物の感受性から脱却し、弟子たちを率いて独自の「和」のモチーフを大画面の絵画に大胆華麗に描いたのが、元信の孫、のちに戦国大名のお抱え画家となる狩野永徳（1543〜90年）である。

当時の戦国の世の新しい建築物として登場したのが、巨大な「城郭」だ。代表的な城郭建築のひとつは、織田信長の建てた安土城。信長は、五層七重の安土城の障壁画を狩野永徳らに命じて描かせた。永徳らが決死の覚悟で描いたのは、金色に輝く障壁画と襖絵だったという。永徳は信長の死後、天下人となった豊臣秀吉の大坂城および聚楽第《じゅらくだい》（秀吉の邸宅）の障壁画や襖絵の制作も手がけた。

こうして、足利将軍家が権力の象徴として見せた唐物は、下克上の戦国の世を経て、新たな時代の到来と同時に、永徳らが描く日本独自のダイナミックな障壁画や襖絵、屏風絵に変貌した。

一方で屏風絵は、絵画がはらむメッセージを、見る者に伝える贈り物でもあった。たとえば『洛中洛外図』は、繁栄する美しい京の都の支配者である織田信長や豊臣秀吉の権力を象徴する贈り物として、政治的にも使われた。

信長は『安土城屏風』をローマ法王に贈り、永徳が描いた『洛中洛外図屏風』を、強敵だった上杉謙信に贈っている。権威を示す政治的メッセージが、その裏にはあったという。また、秀吉が築城した大坂城では、「桃山百双」といわれる多くの六曲一双の華麗な屏風絵が、内部を飾っていたといわれる。

狩野永徳は、ある時は金地をバックに豪壮に悠然と歩く雌雄の唐獅子を描いた『唐獅子図屏風』を制作し、ある時は京の祇園会の賑わいと都の人々の活気ある生活を伝える細密な『洛中洛外図屏風』を描いた。永徳の絢爛豪華な作

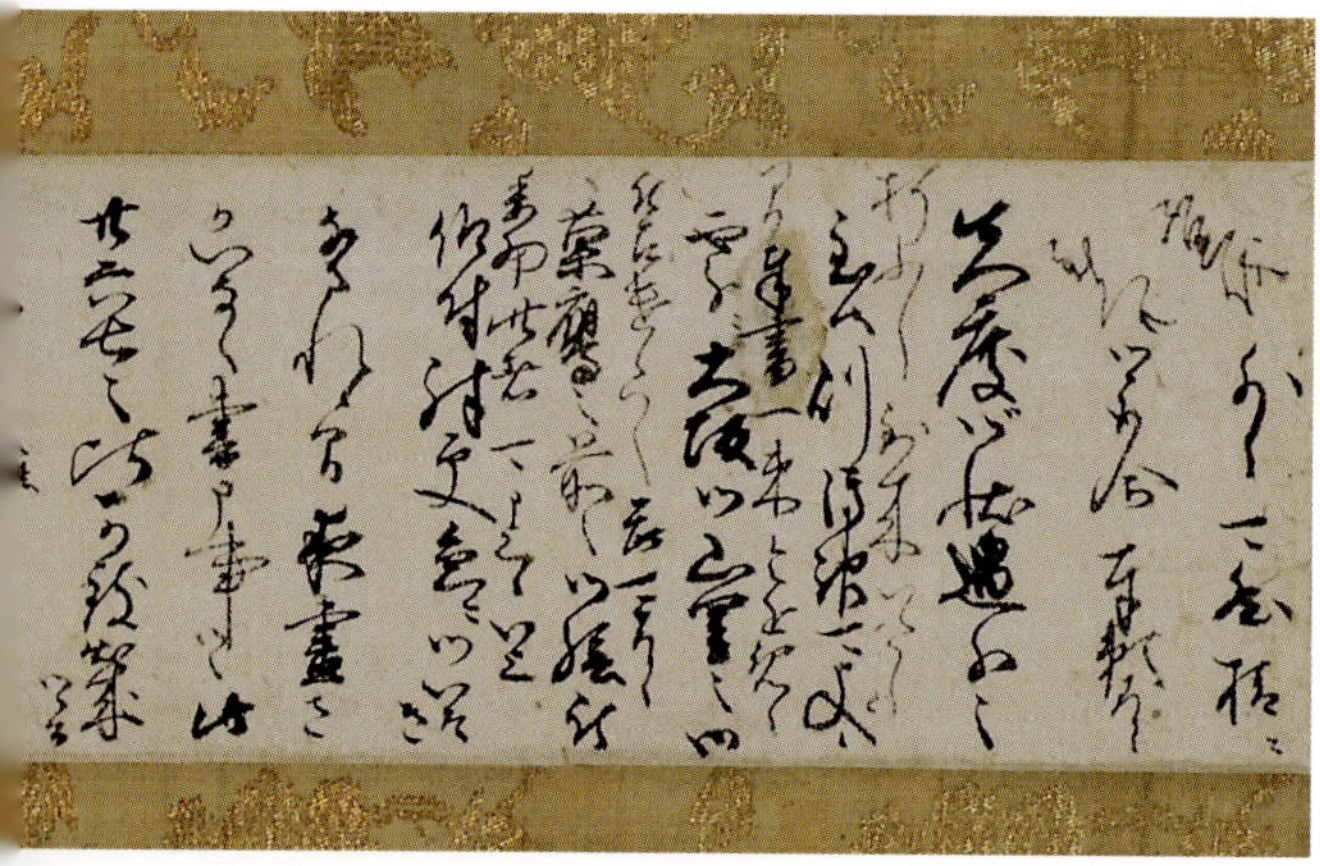

『寿謙宛書状』
狩野永徳
忙しかった永徳が、絵の注文主にあてて書いた詫び状。大坂城に障壁画を描けという命令が出て、ご依頼の絵が遅れていますが、終わりしだいすぐ取り掛かりますので――という内容。

所蔵：石水博物館

『重文 豊臣秀吉画像』

狩野光信

秀吉の肖像画。信長の死後、秀吉は安土城に負けない城として大坂城、聚楽第を建築し、その障壁画や襖絵を永徳一門に描かせた。『唐獅子図屏風』は聚楽第にあったものかもしれない。

所蔵：逸翁美術館

『織田信長肖像画』

狩野永徳

安土城を永徳の金碧画で埋め尽くさせた信長の肖像。本能寺の変後、つまり信長の死後に描かれた可能性が高い。信長という人物の性格やそのオーラと迫力をまざまざと伝える人物画だ。

所蔵：大徳寺

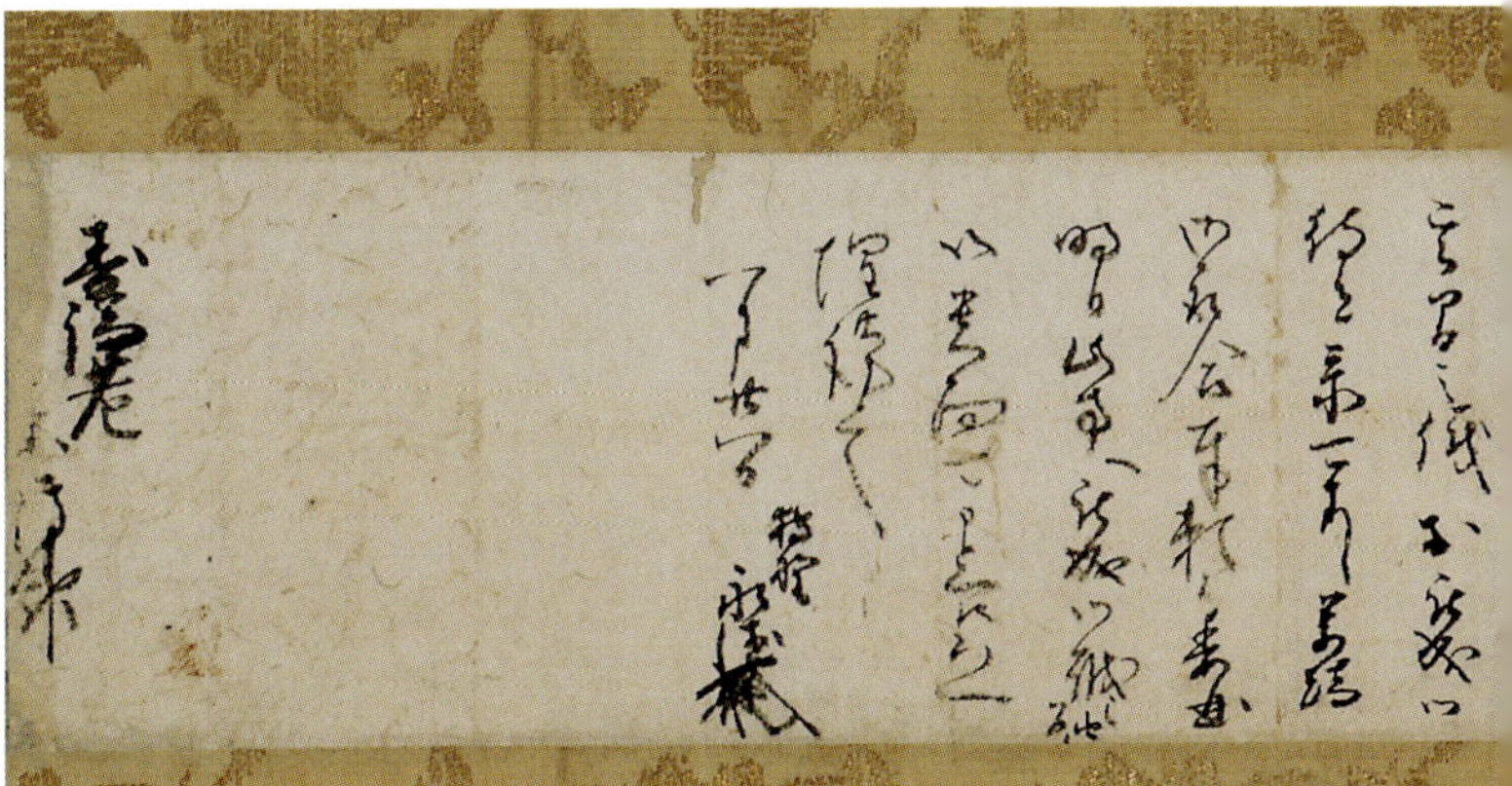

Image : TNM Image Archives

『国宝 檜図屏風』
狩野永徳

永徳の死の直前、最晩年に描かれたといわれる屏風絵。檜の大樹の様子が、不気味で病的な暗さを感じさせる。それにしても大胆な構図と迫力で、永徳らしい大きさが伝わってくる秀作である。

所蔵：東京国立博物館

風は、中心的な様式として、後世の狩野派に伝わっていった。永徳のスタイルはまさに、桃山時代を象徴する金碧障壁画のイメージである。それは、同時代の侘び寂びの哲学を秘めた茶人・千利休が愛した樂茶碗の漆黒の「闇」とは対照的に、この世の豪華さを映す黄金の「輝き」を象徴している。

信長は幸若舞《こうわかまい》の『敦盛』を好んだ。

「人間五十年、下天の内をくらぶれば、夢幻の如くなり。一度生を得て、滅せぬ者のあるべきか」

安土桃山時代を彩った狩野派の絵画は、数百年の時を超えて、その時代の栄華を現代に伝えている。

『洛中洛外図屛風(部分)』
狩野永徳

将軍・足利義輝が、上杉謙信に贈るために永徳に描かせたといわれる屛風絵。義輝が死んだため信長が謙信に贈った。京の名所の賑わいと祇園会に興じる人々が活気に満ちて描かれている。

所蔵：米沢市上杉博物館

名言から読み取る、戦国武将の真実《リアル》。四

葬儀は無用である。わが遺骸は諏訪の湖へ具足を着せて、三年後の命日に沈めよ。

武田信玄『甲陽軍鑑』

天正元（1573）年、武田信玄は病を得て53歳の生涯を閉じた。信玄の墓所は塩山の恵林寺にあるが、諏訪湖にも埋葬の伝説が残っている。信玄が諏訪湖に自分を沈めろと言ったとすれば、武神として古来、源頼朝らに敬われた諏訪大明神が鎮まるところだからだろう。信玄は大明神の神像を兜の頂につけ、この地の優れた馬を手に入れて、疾風怒濤の戦いを展開した。信玄の力の象徴が、諏訪湖だったといえる。

藩士たるものは、朝起きたらその日が死番と心得るべし。

藤堂高虎『藤堂高虎遺訓』

「武士たるものは毎日、今日こそが死ぬ日だと覚悟して生きろ」というのが、津藩（現・三重県津市）32万石の藩祖・藤堂高虎の口癖だったらしい。一時、農民となっていた高虎は、生涯で7度も主君を変えて苦労した末に家康に仕え、ついに外様大名ながら譜代と同等の厚遇を得た。情に厚く、家臣に「自分がいやになったら、よそに仕えてもよい。そこがいやになったらもとの禄で召し抱えてやる」と言い、本当にそうした。

身分不相応な値の高い馬は買い求めるべきではない。よい馬ゆえにかえって名を失うこともある。

竹中重治（半兵衛）『常山紀談』

山内一豊には、妻・千代の才覚で身に余る名馬を買い、それが出世の糸口になったという逸話がある。だが秀吉の軍師として名高い竹中半兵衛（重治）は、「身に余る高値の馬は買うべきでない、馬が惜しいという心が戦場で災いのもとになる」と言う。金10両で馬を買おうとするなら、5両の馬を買い、惜しげもなく乗り回して、戦いの好機には捨てるのがいい。武士は財宝の虜になるべきではない、というのである。

家臣には情けを深くし、知行を賜るべし。知行ばかりを与えても、情けがなければうまく行かない。

蒲生氏郷（伊藤半五郎への手紙）

会津若松92万石の蒲生氏郷（がもう・うじさと）が、秀吉から所領を賜った伊藤半五郎という者に、上に立つ者の心得を書き送ったもの。「知行と情けは車の両輪で、どちらが欠けてもだめである」と説く氏郷は、家臣に困窮者がいれば、目をかけていたわってやるように、とも言っている。氏郷は「武士は武の誉れさえあれば、身を立てられる」と述べ、蓄財をせず、知恵のある者や勇者を諸方から招いて財禄を与えた。

歴史のディテールを、
探り出す喜び。

もっと知りたい
戦国武将

家紋のデザインに、込められた重要な意味。

現代人にとって「家紋」とは、結婚披露宴や葬式で和装する時くらいしか意識しないものではないだろうか。

家紋のルーツをたどると、だいたい平安時代中期まで遡ることができる。もとは公家が牛車などに、自家の標識として採用したものであったという説が有力である。しかし、平安時代末期になると、保元の乱・平治の乱などが打ち続き、敵味方の区別をつけることや、戦場での活躍を示すための証明が必要になった。そこで、独自の図像を作成し、旗などにあしらったのが、武士の家紋のルーツといわれている。

南北朝期から室町期にかけては一族・庶子であっても家紋をもち、爆発的にその数が増えた。そのために、『見聞諸家紋』という家紋を集成した書物が作られ、武士たちには群雄の家紋を識別する能力が求められた。

家紋のデザインは実に豊富で、植物を中心としながら、動物、天文地理、器物、建造物などを図案化したものもあった。後ろ向きのウサギや鍵など、ユニークなモチーフも多数、存在する。

戦国時代になると、天皇や将軍が戦国大名に家紋を与えることがあった。これを「賜与」という。そのため、戦国大名は複数の家紋を使い分けることとなった。一般的に、正式な場で用いる家紋を「定紋《じょうもん》」といい、その他の家紋を「副紋」と称した。たとえば、中国地方を代表する戦国大名の毛利氏は、定紋として「一文字に三つ星」を使用していたが、ほかにも正親町《おおぎまち》天皇から賜与された「五七桐」などを副紋として使用した。家紋は、天皇家や将軍家の権威を高める道具としても使われたのである。

　このように、家紋は比較的、自由に使用することができたが、戦国末期になると、豊臣秀吉が天皇家の「桐」や「菊」の使用を禁止したといわれている。また、徳川家康は自らの権威を高めるため、徳川家以外が葵紋を使用することを禁止している。

　江戸時代に入ると、自家の格を明示する服装の決まりができたため、家紋は儀礼上、必要になった。時代も平和だったため、この頃からさらに数が増え、デザインとしても発達していくことになる。

　このように、家紋は単なる飾りではなかった。歴史を振り返ってみれば、戦いでの標識や権威の象徴、そして自家を示すシンボルとして、重要な意味をもっていたことがわかる。

　自分のルーツを知るためにも、この機会に家紋を調べてみてはいかがだろう。ここで紹介する中に、あなたの家紋は見つかるだろうか？

御三家は植物がモチーフに。

織田木瓜《おだもっこう》

織田信長 1534～1582年

神社の御簾に使われた、キュウリの切り口を図案化。

織田氏はもともと越前国織田剣神社の神官の家柄で、その当時、仕えていた越前国守護の斯波（しば）氏から「織田木瓜」の家紋を与えられたという。そして信長の代になって尾張国で勢力を拡大し、天下取りを目指すことになる。

木瓜はキュウリの切り口を図案化したもので、多くの神社が御簾（神前などに用いるすだれ）に使ったことから、神の加護があるとされた。神官を出自とする織田家にふさわしい家紋だ。

信長は桶狭間の戦いで今川義元に奇跡的な勝利を得ると、いざ上洛。将軍・足利義昭を追放して権力を掌中に収め、対立する戦国武将を次々と滅ぼした。しかし、気性の激しいところから武将らの離反を招き、本能寺の変で明智光秀に滅ぼされた。

豊臣秀吉 1537～1598年

出自の低さを隠すため、高貴な桐を求めた。

尾張国の足軽の子として誕生した秀吉は、織田信長に仕えると、みるみる頭角を現した。信長の没後、その跡を受けて天下取りに号令をかけると、「豊臣」姓と五三桐紋を望んだ。

桐は、たんすなどの調度品に用いられるなど当時から高級な木材といわれ、中国では伝説上の動物である鳳凰が降りてきて鳴く、めでたい木とも謳われていた。それゆえ、桐は高貴な紋章とされ皇室で使用されるようになる。秀吉は高級な家紋を使うことで、自らの出自をカバーしようとしたのだ。

その後、秀吉は中国・四国・九州を次々と制圧し、ついには朝鮮半島にまで兵を送り、勢力を伸ばしていった。しかし、晩年は子の秀頼の将来を大老に託し、その生涯を終えた。

五三桐《ごさんのきり》

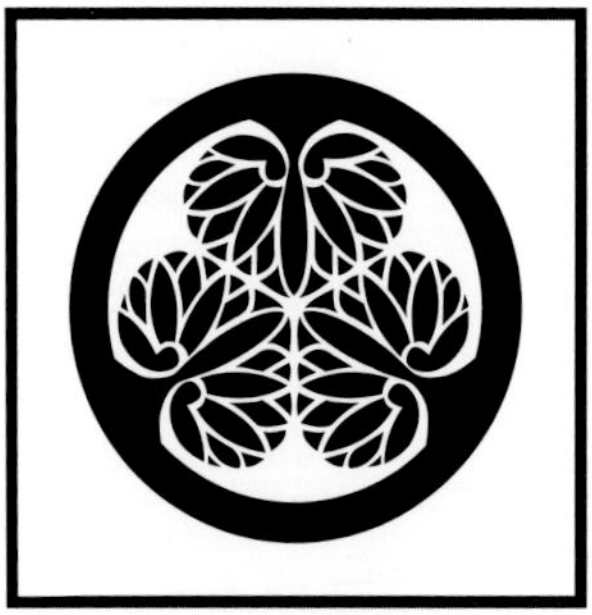

三《み》つ葉《ば》葵《あおい》

徳川家康 1542～1616年

「これが目に入らぬか！」で、お馴染みの葵紋。

家康の出自は三河国の国人、松平氏。のちに姓を徳川に改めている。

葵紋は京都上賀茂神社の神紋だが、家康はこれを徳川家の家紋とした。それは、家康の出身地が上賀茂神社の領地であったからだという。

葵紋は江戸時代の間に絶対的な権威を獲得し、他家で一切の使用が禁じられた。テレビ時代劇『水戸黄門』で、葵の紋が入った印籠を悪者にかざすシーンはあまりにも有名だが、それくらいの威力があったのだ。

家康は、関ヶ原の合戦で豊臣方の勢力を打ち破ると江戸幕府を開き、江戸幕府の初代の征夷大将軍となった。さらには、続く大坂の陣で豊臣秀頼を討伐。その地位を確固たるものにし、徳川300年の基礎を作った。

戦国武将の家紋①

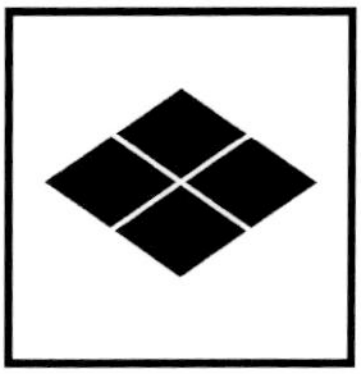

武田信玄 1521～1573年

割《わ》り菱《びし》

前九年の役の際、源頼義、八幡太郎義家父子が住吉神社で戦勝祈願をした。その時、神託に授けられた鎧の袖に四つの割り菱の紋があり、信玄もこれを継承したという。

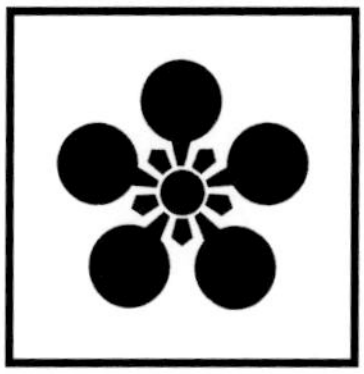

前田利家 1538～1599年

加賀梅鉢《かがうめばち》

前田氏は菅原氏の親族にあたり、同じ「梅鉢」の紋を使用。利家は信長の小姓を務め、豪傑として名を知られた。五大老の1人となり、加賀百万石の基礎を作った。

伊達政宗 1567～1636年

竹《たけ》に雀《すずめ》

伊達家の家紋「竹に雀」は、上杉家から贈られたものだという。政宗は南奥州の諸勢力を統一し、その覇者となる。奇抜な策略が得意であり、「伊達者」と呼ばれた。

今川義元 1519～1560年

赤鳥《あかとり》

くしのようなユニークな家紋は、馬の毛をすく「垢取り」をデザインしたもの。だが、義元が垢取りの名を嫌って、「赤鳥」の字をあて、以後そう呼ばれるようになった。

直江兼続 1560～1620年

亀甲《きっこう》に花菱《はなびし》

亀は長寿の象徴とされ、めでたいとされた。兼続は書簡「直江状」を送るような大胆さも備え、関ヶ原の合戦の敗北では上杉家の取り潰しを回避、米沢藩の興隆にも尽くした。

石田三成 1560～1600年

大一大万大吉《だいいちだいまんだいきち》

文字による珍しいデザイン。大は天下を意味し、天下で1人が万民のために、万民が1人のために努力すれば、みなが吉(幸福)になるという願いが込められている。

毛利元就 1497～1571年

一文字《いちもんじ》に三《み》つ星《ぼし》

元就の家紋は、先祖の大江氏がかつて使用していたもの。大江氏は毛利氏、永井氏など多くの一族に分かれたが、どれも「一文字に三つ星」を家紋に用いている。

明智光秀 1528～1582年

桔梗《ききょう》

明智氏の家紋は、氏族である美濃の名門・土岐一族が使用していた桔梗である。家紋は一輪花から七輪花まであり、加藤清正も「蛇の目」とともに使用していたとされる。

島津義弘 1535～1619年

丸《まる》に十字《じゅうじ》

シンプルな家紋「丸に十字」は、馬の轡(くつわ)をデザイン化したものといわれている。定紋とされる十文字紋の由来は源頼朝からという説もあるが、定かではない。

戦国武将の家紋②

上杉謙信 1530〜1578年

竹《たけ》に二羽飛雀《にわとびすずめ》

勧修寺流藤原氏の流れをくむ上杉氏は、勧修寺家の家紋を使用した。義に厚く、正義のために戦った謙信は毘沙門天に深く帰依し、生涯にわたり独身を貫いている。

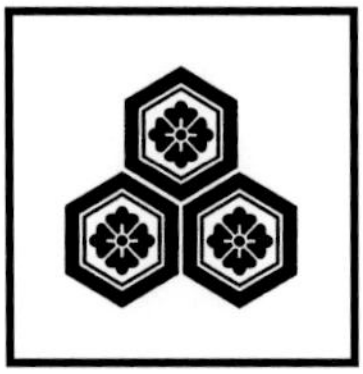

浅井長政 1545〜1573年

三《み》つ盛《も》り亀甲《きっこう》

長寿を意味する亀甲が重なった家紋。亀甲は縁起がよいとされ、これが3つ重なっていることから「三つ盛り亀甲」と名付けられた。当時はこの家紋のみを使用した。

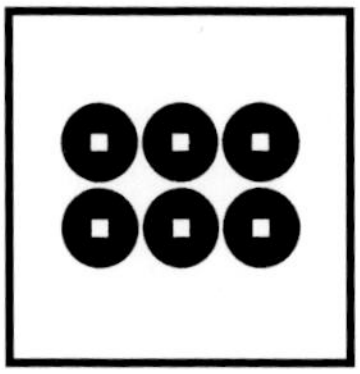

真田幸村 1567〜1615年

六文銭《ろくもんせん》

「六文銭」は仏教の世界でいう「六道銭」のこと。死んで三途の川を渡る時の渡し賃を意味した。真田氏は戦において、死をもいとわぬ決意で臨んでいたことを示す。

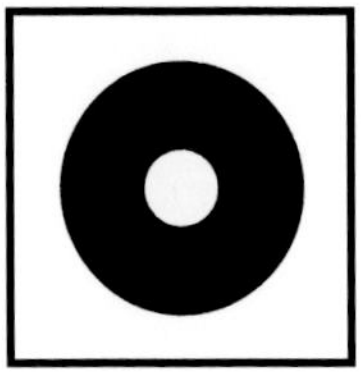

加藤清正 1562〜1611年

蛇《じゃ》の目《め》

清正の祖先は、藤原北家の流れの藤原道長とされる。家紋は「蛇の目」。蛇には呪縛の力があるとされ、多くの戦で、この紋のもつ力が発揮されたことだろう。

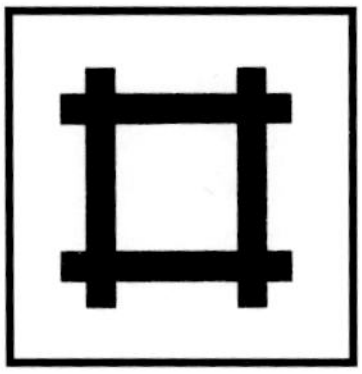

井伊直政 1561〜1602年

細平井桁《ほそひらいげた》

井桁は、井戸の地上部分をデザイン化したものである。直政は徳川氏きっての政治家で、真っ赤な甲冑で身を固めた井伊家の兵は、「井伊の赤備え」といわれていた。

片桐且元 1556〜1615年

違《ちが》い鷹《たか》の羽《は》

鷹の羽が重なった家紋。鷹は姿に威厳があることから、古くから尊重されてきた。また、羽は武人の象徴ともされた。ほかに美しさや鷹神への信仰もあったとされる。

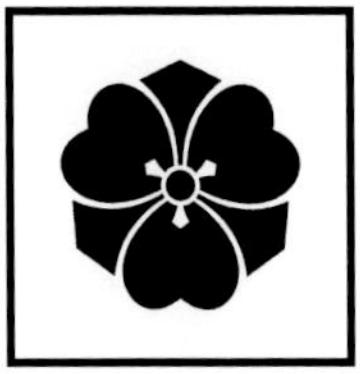

宇喜多秀家 1572〜1655年

剣片喰《けんかたばみ》

秀家は、豊臣政権末期に豊臣家の五大老の1人となった。関ヶ原の合戦では西軍方で戦い、敗北。秀家が家紋に用いた片喰は、良妻・賢母を意味する草といわれる。

福島正則 1561〜1624年

沢瀉《おもだか》

オモダカ科の多年草は、水田や池、沢に自生する植物である。沢瀉の形は矢じりに似ていること、さらに別名を「勝ち草」といったことから、武士に好まれたといわれる。

北条早雲 1432〜1519年

三《み》つ鱗《うろこ》

早雲は、鎌倉執権・北条氏の家紋「三つ鱗」を踏襲した。やがて堀越公方を討伐し、関東に戦国の世をもたらすと、家訓を残すなどして北条氏の基礎を作っている。

戦国武将の家紋③

柴田勝家 1522〜1583年

二《ふた》つ雁金《かりがね》

「幸福を運ぶ鳥」とされた雁。勝家の代から知られるようになった柴田氏の家紋は、2羽の雁が飛んでいる。上部の雁のみ開口しているという説もあるが不明である。

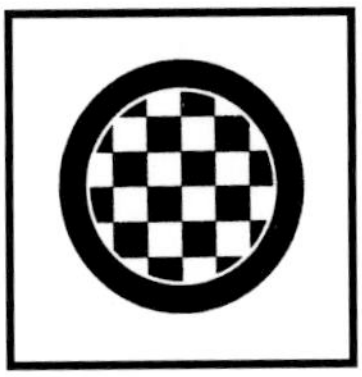

高梨政頼 1508〜1576年?

石畳《いしだたみ》

信濃国に所領をもったが武田信玄に攻め込まれ窮地に陥った。政頼はその後、上杉謙信を頼り、上杉氏の配下に収まる。格子柄のような家紋は石畳を図案化したもの。

小早川秀秋 1582〜1602年

左三《ひだりみ》つ巴《ともえ》

巴の紋の由来は定かではないが、水を象徴し、神社でも多く使用されたという説がある。さらに、左に巻いているものだけでなく、巴だけで70種類ほどもある。

佐竹義重 1547〜1612年

五本骨扇《ごほんぼねおうぎ》に月丸《つきまる》

「鬼義重」の異名を取った義重の家紋は扇。扇は軍扇を意味するといわれる。北関東の有力な戦国武将を次々と攻略し、北条氏に対抗しうる勢力として恐れられていた。

黒田官兵衛 1546〜1604年

藤巴《ふじともえ》

秀吉を支えた軍師として知られる如水(官兵衛)は、繁殖力が強い「藤」を家紋として採用。数々の戦いで和平交渉や策略を進言し、秀吉の天下統一に貢献した。

斎藤道三 1494〜1556年

撫子《なでしこ》

一介の武士でありながら、数々の謀略を用い、ついには主家の土岐家を乗っ取った道三。荒々しい外見と性格の持ち主だが、意外にも家紋にはたおやかな撫子を起用。

加藤嘉明 1563〜1631年

下《さ》がり藤《ふじ》

家康の家臣である父が背いたため放浪の身となったのち、秀吉に仕え天下統一に貢献した嘉明。その家紋は藤。繁殖力の強い藤は、繁栄を意味したとされる。

丹羽長秀 1535〜1585年

直違《すじかい》

幼少の頃から信長に仕え「鬼五郎左」と異名を取るほどの猛将であった長秀の家紋は、「直違」といわれる違棒紋。筋違紋とも呼ばれ、補強材の「すじかい」を表す。

村上武吉 1533〜1604年

丸《まる》に上《うえ》の字《じ》

名前である村上の「上」の字を用いたシンプルな家紋。わかりやすい意匠は、水軍で名高い伊予村上氏の流れをくむ。支族もこれに細かいアレンジを加えて使用した。

植物編

軸付き藤輪《ふじわ》

蔓《つる》違い三つ葵

守山三つ葵

浮線葵《ふせんあおい》

薩摩牡丹《さつまぼたん》

下がり葡萄《ぶどう》

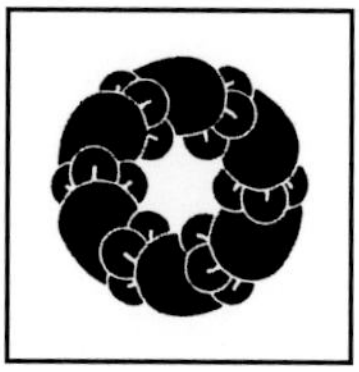

右六つ追い重ね丁子

右金輪丁子巴《かなわちょうじともえ》

一つ蔓茗荷《みょうが》の丸

丸に桃

光琳爪《こうりんつめ》形桔梗

変わり菊水

桜浮線綾《ふせんりょう》

釜敷山桜

丸に六つ葉蕪《かぶら》

三つ花茗荷

樹木は人々の信仰の対象となっており、縁起を担いで家紋に多用されていた。また、花は平安時代の人々が好んで使用したもの。織田信長の木瓜や徳川家康の葵など、多くの戦国武将たちにも愛された。

二つ追い杜若《かきつばた》菱

丸に二本竹笹

三つ盛り松

隅切《すみき》り鉄砲角《てっぽうかく》に四つ松

月輪《つきわ》に陰豆《かげまめ》夕顔

割り松笠(毬《かさ》)

丸に覗《のぞ》き木瓜

持ち合い麻の葉

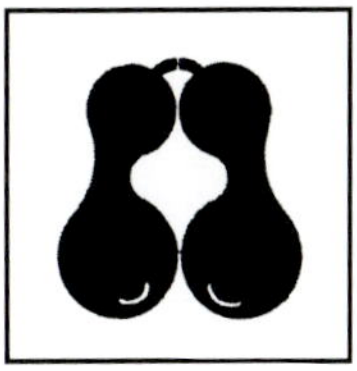

二つ対《むか》い瓢《ひさご》

香《にお》い梅

組合わせ角に梅鉢

中陰《ちゅうかげ》三つ割り向こう梅

動物の紋は植物と比較すると、数は少ないといえる。しかし、蝶や鶴はその優美な姿から、好んで家紋に使われた。獅子のように勇猛さを表現するものから、亀のようなおとなしい動物も採用された。

動物編

輪違い雁金

小串《おぐし》雁金

結び雁金輪に豆《まめ》雁金

丸に二つ貝

石蟹

伊勢海老の丸

一つ亀

光琳亀

獅子に牡丹

片杭覇《くいはば》馬

対《むか》い鴛鴦《おしどり》の丸

後ろ向き三つ並び兎

自然 編

日、月そして山は、やはり人々の信仰の対象となり、家紋のモチーフにされてきた。富士山はその代表格であろう。波も好んで使われたが、北斗星や土星のような珍しいものも、多くの家紋に使用された。

九曜巴

割り九曜《くよう》

糸輪に釘抜き形稲妻

丸に富士山に帆《ほ》掛《か》け舟《ぶね》

三つ遠山

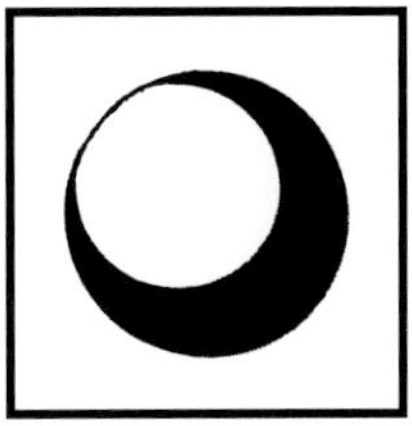

繋《つな》ぎ月

月に雲

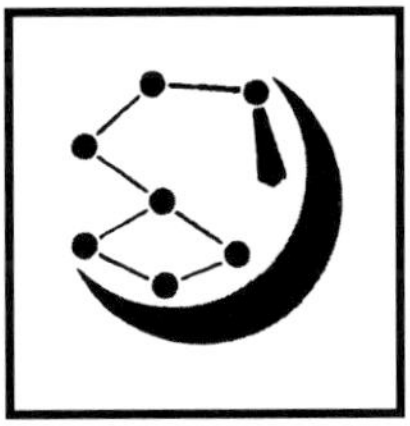

月に北斗星《ほくとせい》

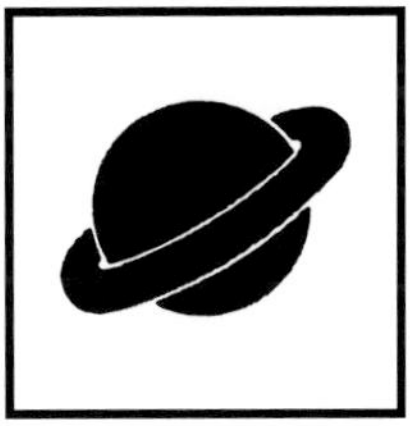

土星

黒田月《つき》に水

丸に青海《せいかい》浪

二頭浪

鳥居や庵など一定の場所に起因し、人々が必要とした建造物をデザイン化した家紋はバラエティ豊か。船や帆なども多く用いられたほか、五輪塔など信仰や宗教に関係するものも多く使われていた。

建造物 編

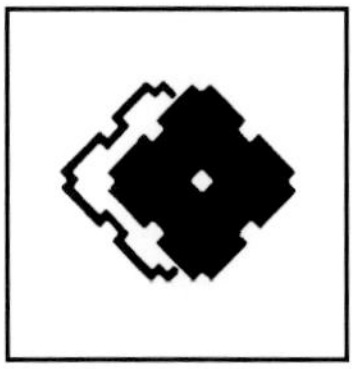
陰陽《いんよう》重ね井筒

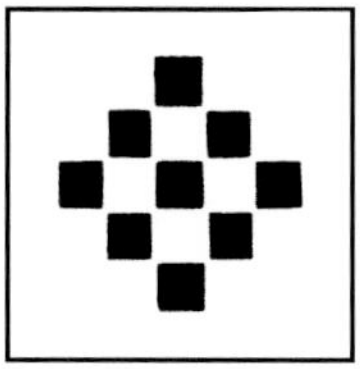
繋《つな》ぎ平九つ石

五輪塔

丸に変わり庵《いおり》

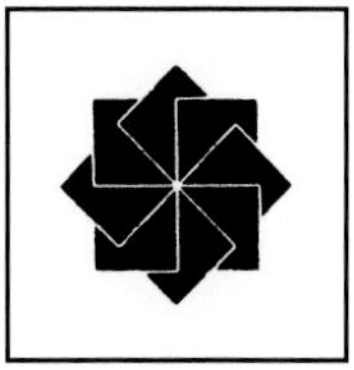
石車

庵井桁崩《くず》し

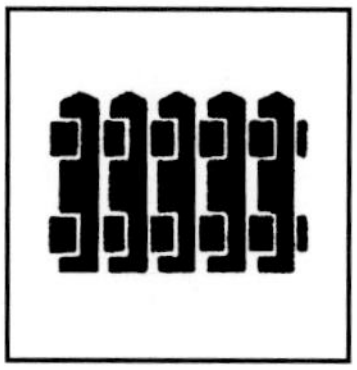
玉垣《たまがき》

常盤《ときわ》垣

中輪《ちゅうわ》に鳥居

鳥居の上鳥二羽に石畳

飾り船

丸に澪標《みおつくし》

丸に帆

変わり帆丸

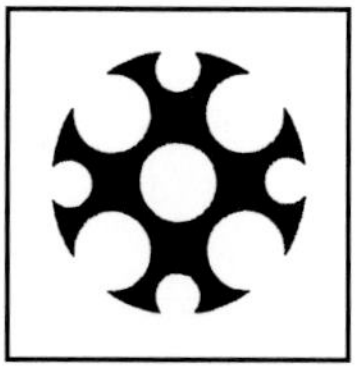
石持《こくも》ち型井筒崩し

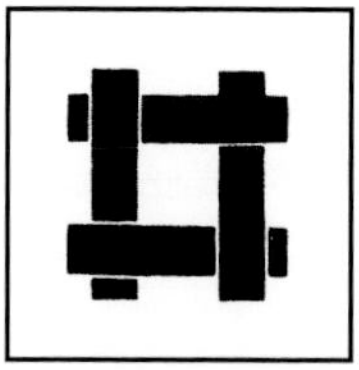
組み平井筒

器物編

器物を家紋として用いるようになったのは、比較的遅い時代といわれている。兜や矢は武器の象徴として使用されたが、半鐘や枡、あるいは蛇の目傘や鍵のように、いま見てもユニークなモチーフが多い。

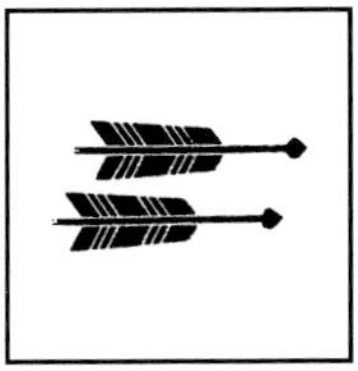
矢尻《やじり》付き横二本矢

中輪《ちゅうわ》に違い鎌

赤鳥

鍵桐《ぎり》

破《やぶ》れ扇

房《ふさ》付き団扇《うちわ》

鍬形《くわがた》兜

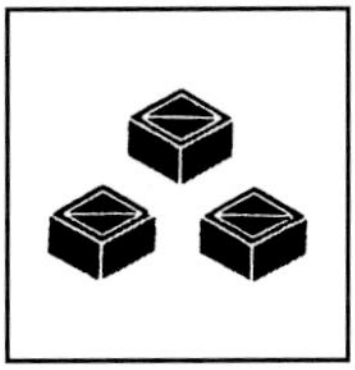
三つ盛《も》り斗枡《とます》

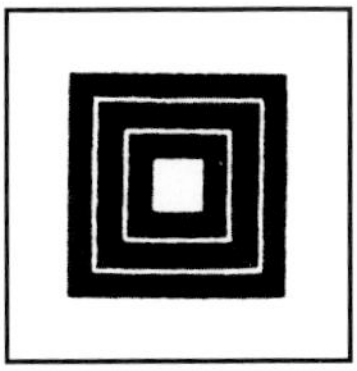
三つ入れ子枡

半鐘《はんしょう》

丸に一つ鋏《はさみ》

大将烏帽子

糸輪に蛇《じゃ》の目傘

変わり陰房付き唐団扇

真向き鼓《つづみ》

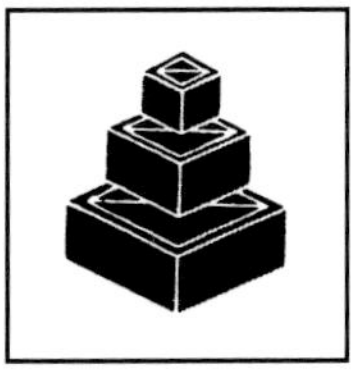
三階斗枡

菱形や四角などを自由に組み合わせたものや、直線と曲線とで幾何学的にデザインされた家紋も目につく。直線的なものの代表として亀甲や鱗が、曲線的なものの代表に七宝や蛇の目が挙げられる。

文様・図像編

中《なか》入り角

三つ組み合い鉄砲《てっぽう》亀甲

陰捻《かげね》じ四つ目

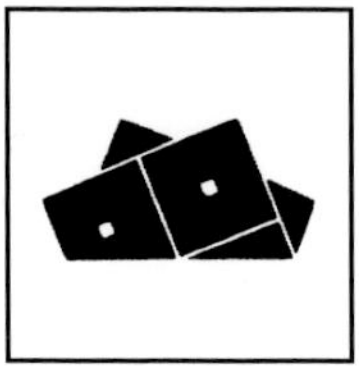

折り四つ目

畠山村濃

二階堂村濃《むらご》

九つ繋《つな》ぎ七宝

大極図《たいきょくず》

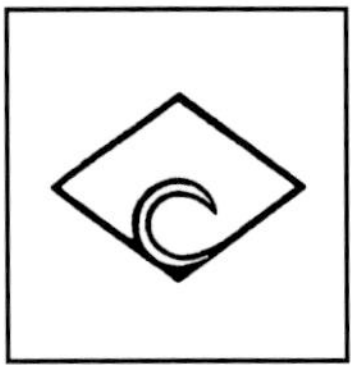

蔭《かげ》一つ菱巴

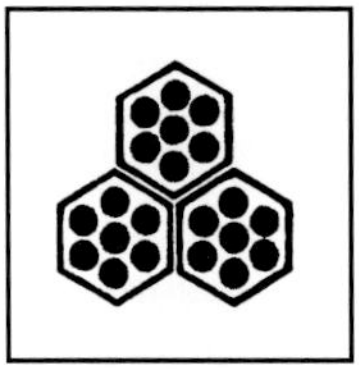

六郷《ろくごう》亀甲

宝結《たからむす》び

丸に割り亀甲に花角

大岡七宝《しっぽう》

薄《すすき》輪

分部三つ引き

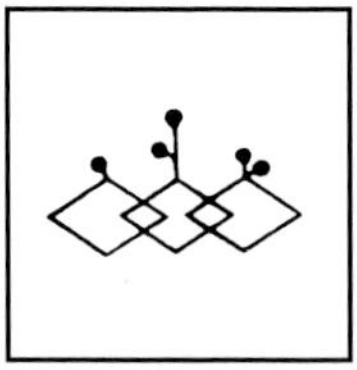

京極《きょうごく》菱桐

文字を図案化した家紋もよく知られている。なかでも「吉」は、その名の通り縁起を担いだものであり、「壽」「福」のようなめでたい字も好まれた。ほかに「美」「林」のような漢字もよく用いられている。

文字・図案編

天台宗山の字

丸に林の字

丸にいの字

丸に米の字

加治木《かじき》十文字

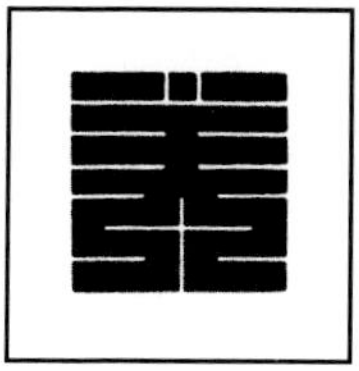

美

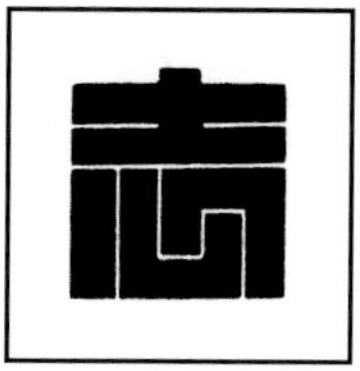

志

吉《きち》の丸字

丸に変わり福の字

切り竹久留子《くるす》

細輪に壽《じゅ》の字

捻《ね》じ万字丸

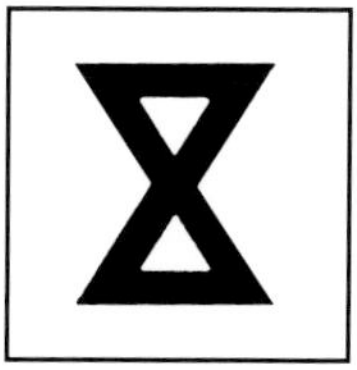

五の字

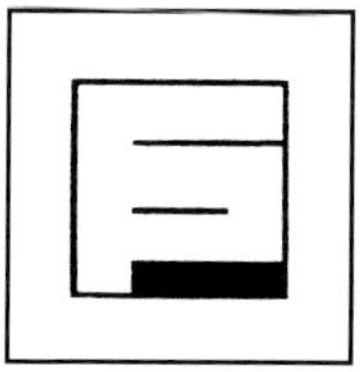

戸沢大和守《やまとのかみ》

吉文字に三つ星

吉の字菱

知らなかった！　動乱の世の意外な現実。

疑問 壱　1万石って、いったいいくら？

1万石は、米1500t（1石＝2.5俵、1俵＝60kg）に相当する。現在の価値に換算すると、約3億7500万円（米10kg＝2500円）という計算が成り立つ。

ただし、1万石という数値は生産量を示すため、五公五民（税率5割）とすると、領主が徴集する米は5000石。さらに家臣へのサラリーとして、少なくとも2000石が必要となる。残りの3000石についても、鉄砲などの武具購入費、城・都市・堤防などの建設費、合戦に参加する時の兵糧米の調達費、主君や同僚との交際費などの諸経費に消えていく。凶作や合戦などの想定外の事態が続けば、赤字になることも珍しくなく、大名個人の取り分はなきに等しい。

1万石という数値は、1人が1年間に消費する米の量＝1石という計算から、サラリーというより、1万人の住むエリアの統治を任されたとみなしたほうが実態を理解できる。大名は、1万石の領地を与えられるとともに、合戦では500人の兵士を動員する義務を負う。そのうち常備兵を半数とし、家族は4人とすると、1万人の人口のうち、1000人が武士と家族、残りの9000人が庶民という計算が成り立つ。1万石の大名は、このような人口構成の頂点に君臨したのだ。

疑問 弐

戦国時代のミリメシってなんだ？

同じ戦国時代でも、時期や状況が違えば、兵士たちの食料（ミリメシ）も違ってくる。

戦国時代も後半となり、豊臣秀吉が天下統一を目指していた頃、兵士たちには、1日5合（900㎖）の米に加え、塩と味噌、それに干し魚などの乾燥食品が配給された。現代の栄養学からすれば、ビタミンの摂取量は不足していたものの、合戦という重労働を要求される兵士には十分なカロリーが与えられていたことがわかる。徴用された庶民にしてみれば、普段よりも恵まれた食事を提供されていたのだ。

一方、戦国時代の前期では、徴用された農民兵の食料は自前ということもあった。そのため合戦が長引けば、現地調達、つまりは戦場となった地域での略奪行為が日常茶飯事に。最も過酷な例は、籠城戦における末期であり、備蓄の食料が枯渇すると、野草や牛馬をはじめ、すべてを食い尽くした。松の皮は加工すれば食べられたため、城内には非常時に備え、杉よりも松が好んで植えられた。

疑問 参

激しい合戦、その実態は？

ドラマや映画で描かれる戦国の合戦では、騎馬隊・槍隊・鉄砲隊が総大将の命令のもと、統制されて戦う光景が描かれる。だが、そういった戦闘シーンはデフォルメされるのが原則であり、実際の合戦は、しまりのない泥臭いものだった。

駆り出された兵士の圧倒的多数は、殿さまのために命を捨てることより無事に生還することを第一の目的としていた。そのため、指揮官が「進め」と下命しても、思う通りに動くことはまれ。ゆえに、なんとなく時間が経過し、雌雄を決しないまま両軍ともに引き返す事例も少なくなかった。

また、戦場という特殊な環境の中で、兵士たちの野性が急に目覚めると、総大将の意図に反して大乱戦となり、収拾がつかなくなることもある。ただし、決着がつきそうになれば、兵士たちは急に冷静さを取り戻し、命を守るために戦場から逃亡した。さらに、総大将が最前線に出て敵兵をバッタバッタとなぎ倒すというシーンも、現実ではありえなかった。

疑問 四

戦場で活躍したのは兵士だけじゃない？

軍師というと、戦国大名に仕えた名参謀というイメージが強いものの、大名家によっては、ただの占い師や祈祷師にすぎないこともあった。占いが外れ、祈祷の効果がなければ、軍師はクビを宣告され、ときには本当に首が飛ぶことも。戦国大名の好みにもよるが、軍陣には、この手の怪しげな人々も出入りしていたのだ。宗教関係者のなかには、寺院をもたず、各地を巡り歩く時宗の僧侶がいた。彼らは軍陣への出入りの自由が許され、戦没者の供養にあたった。なお、時宗の遊行僧のなかには、諜報活動に長じた者も存在したという。

戦いが長期戦に入ると、戦場には食料を売買する商人をはじめ、鎧を補修する職人、刀の研ぎ師までが「戦時特需」を求めて集まった。のみならず、狂言師や人形遣いなどの芸能関係者から遊女までもが戦場に出入りするようになり、戦場では祭りのようなドンチャン騒ぎが毎日、繰り広げられることもあった。ちなみに、戦国時代の日本で男性間の同性愛が日常化したのは、危険な戦場には女性を同伴できなかったからという一面もあった。

疑問 五

戦場の掃除は誰がする?

住民にしてみれば、自分たちの生活圏が戦場となることは迷惑なことではあるが、多少のメリットもあった。合戦が終わると、名のある武将クラスの甲冑や刀など、目ぼしいモノは勝者が戦利品として持ち去ったが、中級クラス以下の装備品は戦場に遺棄された。

住民たちは、あらゆる放棄された品を拾い集め、そしてリサイクルした。衣類や旗は、使えそうなものは転売されたり、住民たちの野良着に姿を変えたりした。また、折れ曲がった刀や槍は、村の鍛冶屋により鋤や鍬などの農具となり、鉄砲の弾も入念に拾い集められて再利用された。

ふんどしまでもはがされた遺体は集められて、僧侶による法要が行われ、集団埋葬されるのが通例だった。住民たちは祟りを恐れ、戦死者を葬った塚には供養を絶やさなかった。それにより、身ぐるみはいだことへの罪滅ぼしをしようとしたともいえる。その後、踏み荒らされた農地や、放火された住居の復興が開始されるのだが、被害総額に比較すると、遺棄物品の収集による利益は微々たるものだった。

疑問 六

勝者の褒美はいったいなに?

戦場での命がけの武功に対し、将兵たちが望んだ「ご褒美」は、金品よりも土地だった。足軽連中は、自分の土地をもたない小作農以下のクラスが圧倒的多数を占め、彼らは功績を立てることにより、ほんのわずかでも、家族が生活できる土地を褒賞として与えられることを望んだ。

戦国大名に仕える家臣たちも、主君より拝領している石高を上げてもらうため、必死に働いた。戦国合戦にまつわる古文書の中で、既存の土地の領有を認めたり、武功に対して石高を上げることを許したりするケースが多いのは、土地がご褒美の定番だったことによる。土地は、当人だけでなく子々孫々までの生活基盤となったため、ご褒美として期待された。

論功行賞において、殿さまから愛用の陣羽織や脇差などを下賜されることは、戦功への褒賞として最大の名誉とされる。下賜の品というのは、必死に働いたことの証明でもあり、当人だけではなく子孫にまで引き継がれることによって、家臣としての身分が保障されたのだ。

疑問 七

戦国時代にもバブル期があった?

豊臣秀吉が天下統一に向けて驀進していた頃は、バブル全盛期だったともいえる。

秀吉に仕える家臣たちの石高（≒給与）は、倍々ゲームで増加の一途をたどった。当時のシステムでは、石高が増えれば家臣とともに鉄砲や武具を購入する必要があり、鉄砲鍛冶、刀鍛冶、鎧師、細工職人などへは応じ切れないほどの発注が続き、好景気に沸いた。四国や九州、そして関東へ出兵するたびに秀吉の領地は拡大されたため、秀吉の家臣たちは信用払いのようなかたちで武具を買い集め、次の合戦に備えた。また、大坂城や聚楽第の建設など、国家規模の巨大プロジェクトが進行したことから、土木・建築業界も空前の好景気に沸いた。

秀吉が天下人になれたのは、気前よく領地を分け与え続けたことによる。だが、天正18（1590）年、天下統一を達成したことは、分け与える領地もなくなったことに等しかった。そこで秀吉は、右肩上がりのバブル経済を持続させるため朝鮮に出兵したが、結果的には失敗に終わり、バブル経済は吹き飛ぶとともに豊臣政権も崩壊への道を突き進むことになる。

疑問 八

武将に仕えたのは日本人だけじゃない?

織田信長は外国人宣教師を厚遇し、スペインやポルトガルをはじめ、西洋にまつわる情報を入手するように努めた。彼らは“特命外交顧問”といえたかもしれないが、信長の家臣ではなかった。一説によると、宣教師のヴァリニャーニは1人の黒人を信長に献上。信長は男をかわいがり、「ヤスケ」と名付けたという。だが、ヤスケは本能寺の変で主君・信長に殉じたともされ、その後の消息は定かではない。

豊臣秀吉による朝鮮出兵では、多くの朝鮮人の陶工が連行され、のちに日本において高品質な陶器を生産することになる。また、学者も渡来して学問の興隆に寄与する一方、多くの人々が連行され、さまざまな仕事に従事した。

徳川家康は、オランダ人のヤン・ヨーステンとイギリス人のウィリアム・アダムスを家臣とし、外交や貿易政策に関与させた。徳川幕府は、3代家光の代から鎖国へとシフトすることになるのだが、家康には鎖国の意志はなく、優秀な外国人ブレーンの進言を活かし、朱印船貿易により莫大な利益を上げている。

大河ドラマを楽しむための、戦国用語集。

統治

● 戦国大名　せんごくだいみょう

「戦国」という言葉は中国紀元前の春秋戦国時代に由来し、日本の戦国時代にも使われていた。また、「大名」という言葉も一定以上の領地を支配する者という意味で使われていた。だが、戦国大名という四文字熟語は、戦後に創作された学術用語である。そのため、ドラマや小説で登場人物が「戦国大名」という言葉を使うことはありえない。

● 天下布武　てんかふぶ

「天下に武を布（し）く」と読む。永禄10（1567）年、美濃制覇を達成した織田信長は、自身の印判に天下布武の四字を使い始めた。この時点において、信長にとっての天下とは日本一国を意味。翌年、信長は上洛することにより、天下布武へ大きな一歩を記した。

● 天下一統　てんかいっとう

豊臣秀吉による全国統一は、「天下一統」と称された。一統は「一に統（す）べる」と読む。天正18（1590）年、秀吉は、小田原征伐で〝関東の雄〟北条氏を降伏へと導く。その後、奥羽仕置き（検地の徹底と領地配分の決定）を行い、日本全域を支配下に治めた。

● 日本　にっぽん

戦国時代においては、「日本」の二文字は「にっぽん」、もしくは「にほん」と発音されていた。戦国時代では、日本として認識されるエリアは、今日の日本地図とは違う。天正17（1589）年作成の日本地図では、蝦夷（北海道）や琉球（沖縄）は記載されておらず、北は津軽半島から南は屋久島や種子島までが日本と認識されていた。

● 上洛　じょうらく

将軍や天皇との謁見のため、京都へ移動すること。戦国時代末期になると、上洛は、天下人への服従を意味する重要な儀式ともなった。上杉景勝や徳川家康が上洛して、豊臣秀吉に臣従を誓ったのは、その典型例である。

● 下剋上　げこくじょう

「下が上に剋（か）つ」と読む。南北朝時代以後、下剋上的風潮が強まるとともに、流行語として使用された。ただし、悪しき風潮というニュアンスで利用される。庶民出身の豊臣秀吉が天下人となったことは下剋上の典型。だが皮肉にも、秀吉の天下一統とともに、下剋上の時代は終焉へと向かう。

●征夷大将軍　せいいたいしょうぐん

陸奥の蝦夷を征伐するため、朝廷が派遣する軍隊の総指揮官。元暦元（1184）年、源義仲が征夷大将軍に任じられて以来、武家の棟梁を意味するようになり、建久3（1192）年、源頼朝が就任して以来、武家政権のトップとして位置づけられる。徳川家康は、将軍就任により、政権の安定化を策した。

●幕府　ばくふ

中国では、出征中の将軍が幕を利用した先陣を意味する。日本では、武家政権の最高権力者の居館や、政権のことを幕府と称した。

●御伽衆　おとぎしゅう

主君の話し相手となった側近のこと。豊臣秀吉は、茶人や歌人などの文化人タイプから、能や踊りを得意とする芸能人タイプまで、数百名単位の御伽衆を召し抱えた。

●小姓　こしょう

主君の近辺に仕える家臣。小姓は、日常生活において主君の雑用をこなすことを基本的な職務としながら、戦時には側近くにあり、命をかけて護衛にあたった。小姓は同性愛の対象となることも多かった。

合戦

●方違え　かたたがえ

方位に関する占い。出陣に際しては、吉凶が占われ、凶兆が出た場合は出陣が中止、または延期されることもあった。

●先鋒　せんぽう

軍勢の最先頭を任された部隊。先鋒は最先頭に位置することから、合戦開始の頃合いを決める役目を担っていた。先鋒が敗退してしまうと、全軍の敗退につながりかねないため、最も優秀かつ信頼された闘将が選ばれた。

●馬廻　うままわり

平時には主君の警護にあたり、戦時には本陣を固めた騎馬武者。馬廻は、家臣団の中核を担った花形的な存在。のちに一城の主となった者も、馬廻からスタートという出世パターンが多い。

●刈田狼藉　かりたろうぜき

敵地の田畑を刈り取ること。城に立てこもる敵をおびき出すための常套戦術として利用された。上田城攻防戦では、徳川勢は刈田により、籠城する真田勢の出撃を誘ったが、百戦錬磨の真田昌幸はその手には乗らなかった。

●一番槍　いちばんやり

合戦において敵と最初に槍を合わせること。両軍にらみ合いが続く中で敵に接近するのは勇気がいることから、一番槍は戦場における武功の象徴として高く評価された。

足軽 あしがる

応仁の乱では、文字通りに足取り軽い身分の低い兵士たちが、ゲリラ戦をはじめ、市中の撹乱、放火、略奪などの特殊任務にあたった。傭兵として、その自立性は高かった。だが、時代が経過すると、同じ足軽であっても、その実態は変化。足軽は、戦国大名に服属する下級の常備兵を意味するようになり、なかでも鉄砲足軽は戦いの勝敗を左右する重要な戦力として注目された。

切腹 せっぷく

腹に刃を突き刺すことによる自殺方法。源平合戦の頃から武士の自殺方法として一般化し、江戸時代になると、切腹の儀式や作法が詳細に定められた。

撫斬 なでぎり

敵城を陥落させた時、籠城中の老若男女のすべてを殺害すること。敵対者への報復や見せしめとして撫斬は下命された。織田信長による伊勢長島城攻めや、比叡山延暦寺焼き討ちは撫斬の典型例。

乱波 らっぱ

東国では、忍者を乱波または素波（すっぱ）ということが多い。忍（しのび）、草（くさ）ともいう。情報収集やゲリラ戦の担い手として活躍したが、その具体的な活動は、歴史的事実としては確認できない。忍者というと荒唐無稽な話が多いことから歴史研究の世界では無視されることが多いものの、戦国大名の多くが忍者を組織的に活用したことは事実だった。

城

山城 やまじろ

山地の天険を利用して築かれた城郭。戦国時代の主要な城は山城に分類される。城は立地条件により、平城・平山城・山城の3つに分類される。ただし、このように分類されるようになったのは江戸時代以後のことであり、用語として戦国時代に利用された可能性は低い。

櫓 やぐら

城の防御強化のために築かれた建物。弓矢をはじめ武器を収蔵したことから、「矢倉」とも書く。戦国時代の城では、攻城方の動静を遠望するため、重要なポイントの防御を目的とし、櫓が築かれた。戦国時代の櫓は、木製、板葺きの簡素な構造のものが大半を占めた。

館 やかた

武家の居館のこと。戦国時代には、戦国大名から地方の小領主まで、大小さまざまな館が存在した。武田氏の躑躅ヶ崎(つつじがさき)館が典型例。原則的には館は将軍や守護の屋敷の尊称であり、成り上がりの戦国大名が自分の屋敷を館と呼ぶことは許されなかった。

狭間 はざま

矢や鉄砲を発射するために櫓や塀に開けられた穴。縦に細長い矢狭間と、丸や三角をかたどる鉄砲狭間がある。塀に狭間を開けておくと、塀としての耐久性が落ちることから、臨戦態勢になってから狭間の穴を開けることもあった。

● 御殿　ごてん

城において城主とその家族が居住するエリア。発掘調査の結果、朝倉氏の一乗谷館、大内氏の大内館、今川氏の駿府館では、壮麗な御殿が軒を連ねていたことが判明している。

● 縄張　なわばり

城の基本設計。築城に際し、地面に縄を張って堀や建物の位置を示したことに由来する。戦国時代の城は、数多くの実戦を経て発展を続けた。また、武田・北条・上杉をはじめ、大名家ごとに独特の縄張術を進化させた。

● 本丸　ほんまる

城の防御の中心的な区画。一部の例外を除いて、本丸は城の最高所に築かれ、周囲には二の丸や三の丸をはじめとする曲輪（城内を区画する空間の総称）が配置された。

武具

● 打刀　うちがたな

腰に指す刀剣。太刀（たち）は腰に吊すのに対し、打刀は腰の帯に差した。そのため、打刀のことを差料（さしりょう）ともいう。太刀は、騎馬での戦いでは効果的だったが、地上での打ち合いには不向きだったために、時代の経過とともに反りの少ない打刀が主流となった。

● 備前物　びぜんもの

備前国で作られた刀の総称。中国山地は良質な鉄の産地であることに加え、加工するために必要な木炭にも恵まれたことから、国内一のシェアを保ち続けた。生産地別の刀の名称としては、美濃物、肥前物、相州物、大和物、山城物などが挙げられる。

● 当世兜　とうせいかぶと

戦国時代に流行した兜。それより以前の形式は「昔兜」と称される。当世という言葉は、現代や現在という意味。戦国時代の兜や鎧は、その時代が過ぎ去っても「当世」の二文字が付される。当世兜は目立つことが第一義とされ、デザインが先鋭化する傾向が強かった。

● 前立　まえだて

兜の鉢の前面に付された装飾金具。前立は衝撃を緩衝する役目を果たしたが、戦国時代になると巨大化され、実用性よりもデザイン性が重視された。

● 威（縅）　おどし

具足の部品である札（さね）を緒（太い糸）で結ぶこと。緒通しに由来する。緒の色により、赤糸威、黄糸威、浅葱糸威、黒糸威などと称され、「紺糸威鎧」のように鎧の名称としても使用された。

経済

●安堵　あんど

領地の所有権を認められること。主君に仕えるのは、自分の土地の所有権を認めてもらうためであり、また領地を拡大してもらうために主君に尽くした。

●検地　けんち

農地を測量して面積と生産高を算出すること。天正10（1582）年、豊臣秀吉は山崎の戦いに勝利を収めると、山城国で検地を開始。勢力圏を拡張するとともに、検地を強硬に進めていった。

●貫高　かんだか

農地に対する課税額を貨幣（銅銭）で表す土地制度。豊臣秀吉が太閤検地を行ったことにより、土地の生産量は米の収穫量である石高で表されるようになる。

●会合衆　えごうしゅう

戦国時代において発達した都市における自治的な共同組織。ことに堺の会合衆は強固な結束と強大な権威を誇り、最盛時には36人の町人が会合衆を構成。自治都市として名高い堺の町の運営にあたった。

●土倉　どそう

室町時代、京都を中心に営業をした金融業者。質物が土倉に収められたことに由来する。利子は毎月100文あたり5文から6文が相場であり、驚異的な高利息。幕府や戦国大名は、課税対象とすることにより、土倉の営業を保護した。

●土民　どみん

中世における支配者階層による民衆への呼称。「地下（じげ）」と同意語。上から目線な言葉であるのは間違いないが、文字から受けるイメージほど差別的な意味合いは込められていない。

文化

●茶頭　さどう

本来は、茶会を主催する者の意。織田信長の茶頭に任命された千利休らは、織田政権の経済政策に関与するとともに、政権の権威を高めるための茶道を作り上げるのに尽力。茶の世界のみならず、政治・経済の世界でも多大な影響力を行使した。

●婆娑羅　ばさら

南北朝時代から室町時代の前期にかけ、実力によって地位を向上した者が古い権威にとらわれず、勝手気ままに行動した様子を称した。ただし、そのような行動をした戦国武将についても、婆娑羅と称したか否かはわからない。

●傾奇者　かぶきもの

関ヶ原の合戦後、畿内周辺において華美な服装を身に纏い、暴力行為を繰り広げた集団を「傾奇者」と称した。ただし、古い権威に固執せず、勝手気ままに行動した戦国武将についても傾奇者と称したかは定かではない。

●鉄漿 かね

歯を黒く染める風習。御歯黒、歯黒めともいう。室町時代には、武家の女子と一部の男子が、江戸時代になると、庶民も含めて既婚の女子が鉄漿をした。加熱した古釘を酒や酢に浸けた鉄漿水と、タンニンを主成分とする樹液の粉を歯に付着させて、歯を黒く染めた。

●連歌 れんが

複数の人間により、上の句と下の句を分けて連作する和歌の一種。連歌の会は、宗匠（そうしょう）と称される連歌師が取り仕切った。会の参加者は連衆（れんじゅ）と称され、10人前後が全部で百韻（＝百句＝五十首）を読むのが一般的だった。

●狂言 きょうげん

滑稽・諷刺・洒落が込められた劇。猿楽のうち、滑稽な部分が特化したのが狂言とされる。能狂言と列記されることが多いが、能よりも狂言のほうが、より大衆性が強かった。

●鷹狩 たかがり

鷹などの猛禽類を利用する狩猟。戦国大名には、鷹狩を趣味とする者も多く、鷹は贈答品としても利用された。徳川家康は鷹狩を最上の楽しみとした。

味噌がなくては戦にならぬ、その理由は？

戦に明け暮れる戦国武将が、出陣の際に必ず持参した食品は？

答えは味噌。不規則な毎日の中で、力を存分に発揮するための健康管理は、武将たちにとっての大きな課題だった。米とともに欠かせない存在だったのが、抜群の栄養食品である味噌なのである。

大豆タンパク質にはストレスをやわらげるトリプトファンが含まれ、ほかにも抗酸化作用のあるイソフラボン、脳の働きを活性化するレシチンなど、味噌には戦場で効果を発揮する栄養素がたっぷり。さらに保存食であり、湯に溶いてすぐ食べられるインスタント性もあるなど、まさにいいことずくめだ。武将たちは自らの領地内で、こぞって味噌作りを奨励した。

味噌の熟成を促す天然の菌は土地によって異なるため、地域色も豊かだ。伊達政宗が製造を推進した仙台味噌は長期熟成型の赤辛口、毛利元就が重用した府中味噌は短期熟成型の白甘口といった具合。

なかでも注目は、織田信長や豊臣秀吉、徳川家康に愛された「まめ味噌」だ。米麹や麦麹を入れず大豆と塩で仕込む濃褐色の濃厚な味噌で、大豆が多い分、栄養価もほかの味噌以上に高い。天下人たちは、まめ味噌の並々ならぬ効能を経験値的に知っていたのだろう。

名だたる武将が執心した味噌パワー、ストレスや過労に悩む現代の戦士のみなさんも、改めて見直してみてはいかがだろうか。

もっと知りたい戦国武将

参 府中味噌

広島で作られる短期熟成型の米味噌の一種で、西京味噌や讃岐味噌と並ぶ白味噌の代表格。米麹を多く用いるため、甘みが強くまろやかな味わい。75歳の長寿を全うした毛利元就も、さぞ重用していたことだろう。

四 越後味噌

赤辛口の米味噌。上杉謙信のお膝元、米どころの新潟を代表する銘柄であり、精白した丸米を用いる。味噌の中に麹粒が浮いたように残っているのが特徴。長期熟成型で、コクが深い、しっかりした味わいだ。

弐 まめ味噌

愛知や三重、岐阜を中心に生産されるまめ味噌は、大豆と塩のみが原料。濃褐色で濃厚な旨味があり、家康など天下人に愛された。栄養価が高いため、ほかの味噌と混ぜた合わせ味噌で使うのもお薦めだ。

壱 信州味噌

武田信玄が普及を図ったことで、天下に名を知られることとなった信州味噌。米麹を加えて作る米味噌で、山吹色に近い淡色辛口の代表。現在、全国の味噌生産量の3割以上を占めている。比較的さっぱりした味わい。

五 仙台味噌

日本初の味噌工場を作り、量産態勢を整えた伊達政宗。秀吉の朝鮮出兵の際には、政宗の味噌だけが腐らなかったと称賛された。その理由は、塩分が強めで完全に発酵熟成していたため。赤辛口の米味噌の代表格。

往時を彷彿させる、現代の戦祭りを楽しむ。

謙信公祭 新潟県上越市

上杉謙信の本拠で、「毘」の旗の乱舞を堪能する。

写真提供：上越市

春日山城跡など上杉謙信ゆかりの地で、鎧武者たちが出陣行列を行い、川中島の合戦の模様を再現する。84回目となった2009年には、同年放映の大河ドラマ『天地人』(上杉家の家臣、直江兼続が主人公)にちなんだパレードが行われた。

長篠合戦のぼりまつり 愛知県新城市

歴史の流れを変えた、一大決戦を追体験する。

写真提供：新城市観光協会

甲斐の武田勝頼軍と織田信長・徳川家康の連合軍が激突した、天正3(1575)年の長篠の戦いの跡地で行われる。武将の紋入りののぼり数千本が町中にはためき、長篠城本丸跡では、合戦行列や火縄銃射撃・陣太鼓などの実演も。

種子島鉄砲まつり 鹿児島県西之表市

はるばる伝来の地に、火縄銃の銃声を聞きに行く。

写真提供：西之表市

天文12(1543)年にポルトガル人が漂着して鉄砲が伝来したこの島で、火縄銃保存会による種子島火縄銃の実射と、中国人やポルトガル人など鉄砲伝来にかかわりの深い人物に扮した「南蛮行列」が行われる。クライマックスを飾る花火大会も人気。

信玄公祭り 山梨県甲府市

日本最大級の武者行列、甲斐に信玄の祭りあり。

写真提供：信玄公祭り実行委員会

武田信玄の命日である4月12日前後の週末、武田神社で行われる例大祭に合わせて、精鋭の「武田二十四将」を中心とした約1600名の軍勢、鎧兜に身を包んだ騎馬隊「甲州軍団」が「風林火山」の旗をはためかせて出陣、武者行列を行う。

名古屋まつり 愛知県名古屋市

名古屋から出て天下を取った、三武将が主人公。

写真提供：名古屋まつり協進会

郷土が生んだ「三英傑」である織田信長・豊臣秀吉・徳川家康をモチーフとする祭り。名古屋城内で出陣式を行いスタートする「郷土英傑行列」では、武将たちの仮装をした総勢約700名が市内を練り歩く。市の文化財である貴重な山車も集結。

相馬野馬追 福島県相馬市、南相馬市

1000年を超える神事の、迫力の騎馬武者たち。

平将門を祖とするという相馬家の神事に端を発し、1000年以上の歴史をもつ伝統ある祭り。1周1000mの馬場で古式競馬が再現され、先祖伝来の甲冑に身を包んだ数百の騎馬武者が、勇壮な甲冑競馬や神旗争奪戦を行う。

ほかにも、こんな祭りがあります。

写真提供：笛吹市

川中島合戦戦国絵巻
山梨県笛吹市

具足を身に纏った総勢900人で、武田・上杉両軍の川中島の合戦を再現する。参加型の体験イベントで、事前に申し込むと着付けをしてもらえる。

米沢上杉まつり
山形県米沢市

写真提供：米沢観光物産協会

上杉謙信を祀る上杉神社などの例大祭として始まった。謙信が合戦前に行った儀式「武禘式」や、毎年5月3日に行われる「上杉行列」「川中島合戦」が見もの。

写真提供：小田原市観光協会

小田原北條五代祭り
神奈川県小田原市

戦国大名として5代にわたって栄えた北条氏を偲ぶ。武者隊など約1800人が、小田原城址公園周辺を練り歩く。火縄銃の実演も。例年5月に開催。

もっと知りたい戦国武将

[参考文献]

『全国版　戦国武将群雄譜　国人・大名・異能衆伝』(学習研究社)
『ビジュアル戦国1000人』小和田哲男監修(世界文化社)
『剣禅一如　宮本武蔵の水墨画』金澤弘監修(秀作社出版)
『家紋の世界～あなたのルーツはここにあった！～』(イースト・プレス)
『決定版　図説・戦国武将118』(学習研究社)
『決定版　図説・日本刀大全Ⅱ　名刀・拵・刀装具総覧』(学習研究社)
「芸術新潮」2007年11月号・特集「ミスター桃山　天下の狩野永徳！」(新潮社)
『まるわかり！ 戦国時代』(光栄)
『たべもの戦国史』永山久夫著(河出文庫)
『みそ和食』永山久夫、清水信子著(家の光協会)
『絵画の変　日本美術の絢爛たる開花』並木誠士著(中公新書)
『日本の家紋大全』本田總一郎監修(梧桐書院)
『戦国武将名言録』楠戸義昭著(PHP文庫)
『戦国名将・智将・梟将の至言』楠戸義昭著(学研M文庫)
『図録　戦乱の世を彷彿させる上杉の「鎧と火縄銃」』(発行・財団法人宮坂考古館)
『戦国時代用語辞典』外川淳編著(学習研究社)
『早わかり戦国史』外川淳編著(日本実業出版社)
『仙台市博物館収蔵資料図録(6)武器・武具改訂版』(仙台市博物館)
『吉川史料館図録』(吉川史料館)
『広島城図録』(広島城)
『黒田長政と二十四騎　黒田武士の世界』(福岡市博物館)
『決定版　図説・戦国の実戦兜』小和田哲男監修、竹村雅夫編著(学習研究社)
『戦国武将ものしり事典』奈良本辰也監修(主婦と生活社)
『図解　戦国大名格付け　織田・豊臣・徳川軍団編』(綜合図書)
『家系図で読みとく戦国名将物語』竹内正浩著(講談社)

＊城・博物館の基本情報は、2009年12月末現在のものです。

文　渡邊大門（p.6〜19、p.60〜73、p.100〜113）、楠戸義昭（p.20、p.46、p.74、p.98）、
高瀬由紀子（p.22〜37、p.128〜129）、阿部博子（p.38〜41）、
赤坂英人（p.42〜45、p.90〜97）、外川 淳（p.76〜89、p.114〜127）

写真　永田 陽（p.29）、井出貴久（p.77〜78）、外川 淳（p.79〜89）、青野 豊（p.129）

イラスト　茂本ヒデキチ（p.22〜43）、阿久津有美（p.65〜67、p.71〜73）、ホセ・フランキー（p.114〜121）

協力　木村宗慎、斉藤忠一、福井健二（伊賀文化産業協会）、永青文庫、
竹村雅夫（日本甲冑武具研究保存会）、永山久夫、佐野みそ 亀戸本店

地図製作　デザインワークショップジン

校閲　麦秋アートセンター

ブックデザイン　SANKAKUSHA

カバーデザイン　佐藤光生（SANKAKUSHA）

pen BOOKS
もっと知りたい戦国武将。

2010年2月18日　初　版
2020年4月10日　初版第2刷

編　者　ペン編集部
発行者　小林圭太
発行所　株式会社CCCメディアハウス

〒141-8205　東京都品川区上大崎3丁目1番1号
電話　03-5436-5721（販売）
03-5436-5735（編集）
http://books.cccmh.co.jp

印刷・製本　凸版印刷株式会社

ISBN978-4-484-10202-3